La(s) teoría(s) de la argumentación y sus aplicaciones

COLECCIÓN LINGÜÍSTICA

Esperanza R. Alcaide Lara, Víctor Pérez Béjar
María Soledad Padilla Herrada
(coords.)

La(s) teoría(s) de la argumentación y sus aplicaciones

EDITORIAL
UNIVERSIDAD DE SEVILLA

Sevilla 2024

Colección Lingüística
Núm.: 93

Esta obra se sufraga con la ayuda a grupos PAIDI (HUM 659).

Junta de Andalucía

© Editorial Universidad de Sevilla 2024
  Porvenir, 27 - 41013 Sevilla
  Tlfns.: 954 487 447; 954 487 451
  Correo electrónico: info-eus@us.es
  Web: https://editorial.us.es

© Esperanza R. Alcaide Lara, Víctor Pérez Béjar
  y María Soledad Padilla Herrada (coords.) 2024

© De los textos, sus autores 2024

Impreso en papel ecológico
Impreso en España-Printed in Spain

ISBN: 978-84-472-2617-7
Depósito Legal: SE 2002-2024

Diseño de cubierta: notanumber
Maquetación y realización de cubierta: Intergraf
Impresión: Podiprint

Índice

Presentación

Esperanza R. Alcaide Lara
Universidad de Sevilla

Víctor Pérez Béjar
Universitat de València

María Soledad Padilla Herrada
Universidad de Sevilla

La obra que el lector tiene en sus manos es clara representación del trabajo que se está llevando a cabo en el grupo Argumentación y Persuasión en Lingüística (APL, HUM-659) en la actualidad. Este compendio de trabajos muestra muchas de las aristas que posee la argumentación, entendida como un fenómeno poliédrico que da lugar a investigaciones y orientaciones de análisis muy diversas. Estos trabajos constituyen, pues, una muestra representativa del alcance de la argumentación y de las pretensiones de las investigaciones del grupo de abarcar todas las caras que presenta este campo. A lo largo de esta obra se incluyen trabajos que van desde el análisis de mecanismos específicos de la argumentación hasta estrategias generales de elaboración de textos persuasivos, pero todos ellos están unidos por un nexo común: el presupuesto de que la argumentación está presente en cualquiera de nuestros productos lingüísticos de una forma más o menos marcada. Es la base de la Teoría de la Argumentación, iniciada por Anscombre y Ducrot (1994), hoy ampliamente aceptada por el mundo académico, a pesar de las reticencias con las que se encontró en un principio[1].

---

1. Conviene aclarar que, en la actualidad, la Teoría de la Argumentación de Anscombre y Ducrot (1994) comparte protagonismo con otros modelos y perspectivas argumentativas también bastante extendidos entre los expertos en la materia, como la Nueva Retórica de Perelman y Olbrechts-Tyteca (1969), la Gramática de la Argumentación de Lo Cascio (1998) o el modelo sistémico de van Eemeren y Grootendorst (2004). Sin embargo, la Teoría de Anscombre y Ducrot sí posee cierta prominencia en los países de lenguas romances.

Desde sus comienzos, este grupo aplicó los presupuestos de esta teoría al español, utilizando en esa tarea materiales lingüísticos, en unas ocasiones muy marcados argumentativamente, dado sus objetivos altamente persuasivos, como los discursos mediáticos (entrevistas en radio y tv, programas de teledebate y tertulias de diferente naturaleza, programas de entretenimiento, etc.), discurso político (discurso parlamentario, debates políticos, mítines, etc.), discurso publicitario de diferente naturaleza (comercial, institucional y de ONG), discurso periodístico; en otras ocasiones, el material parecía no tener interés para un estudio argumentativo, dada su meta, aparentemente no persuasiva. Era el caso del discurso de carácter instructivo (los prospectos médicos, los horóscopos, las recetas de cocina, etc.), o de los textos administrativos de las instituciones, en los que, no obstante, descubrimos implicaciones argumentativas, lo que nos hizo respondernos a una de las preguntas de investigación de las que partían nuestros trabajos iniciales: ¿siempre intentamos persuadir, o este objetivo se reduce a cierto tipo de textos, formando parte de una tradición discursiva determinada? Y la realidad demuestra que, en mayor o menor medida, de forma más o menos consciente, intentamos convencer a nuestro/s interlocutor/es de lo idóneo de lo que pensamos, de lo correcto de nuestras conductas, etc. Es decir, el uso cotidiano del lenguaje lleva inserto la dimensión argumentativa, no siendo esta nada que se pueda calificar de extraña o extraordinaria.

Así pues, la trayectoria investigadora del grupo APL, desde su fundación en el año 2000, ha estado guiada por el presupuesto de que la argumentación es una dimensión de los textos, propia de la naturaleza de las lenguas, que depende del material lingüístico (Fuentes Rodríguez 2000: 53-54), y la convicción de que «forma parte de nuestra vida, de nuestra actividad lingüística», pues necesitamos persuadir a nuestros interlocutores, en todas las situaciones en las que nos vemos inmersos, de que, para lo que pensamos, opinamos, o cómo actuamos, hay buenas razones (Fuentes Rodríguez y Alcaide Lara 2002: 13). Y, de acuerdo con estos presupuestos, hemos intentado cubrir el más amplio espectro discursivo posible, de forma que los resultados obtenidos puedan incluso ser considerados válidos para describir cómo se inscribe la argumentación en el sistema lingüístico.

A todos los trabajos del grupo les une el análisis discursivo desde una perspectiva pragmática y el interés por las implicaciones argumentativas que poseen los usos lingüísticos. Pero a la vez es evidente la preocupación por los efectos sociocomunicativos de los textos analizados y las consecuencias sociales que lleva aparejado el empleo de una herramienta tan poderosa, y al alcance de todos, como es la lengua. Emplear la lengua significa poner en funcionamiento un potente instrumento que, además de para intercambiar información, sirve para actuar sobre nuestros interlocutores y sobre nosotros mismos como hablantes. El discurso es actuación: al emplear la lengua actuamos, en el más puro sentido en que se describe desde la Teoría de los Actos de Habla, pero también en el sentido que proponen las actuales teorías de la argumentación (Anscombre y Ducrot 1994; Lo Cascio 1998; Van Ee-meren y Grootendorst 2004), orientando opiniones, conductas y actuaciones lingüísticas en los interlocutores (directos o indirectos) y la Pragmática Sociocultural (Bravo 2020), configurando la imagen tanto del hablante como de sus interlocutores.

La obra se compone de siete trabajos en los que se tratan distintos aspectos del funcionamiento de la lengua desde el punto de vista argumentativo. La inicia el capítulo firmado por M.ª Soledad Padilla Herrada, sobre «La argumentación en Instagram», en el que analiza las estrategias argumentativas utilizadas por los creadores de contenido en Instagram para llevar a cabo sus propósitos persuasivos. Para ello, la autora examina las publicaciones en Instagram de ocho creadores de contenido que cuentan con un gran número de seguidores en España: Álex Domenech, Manuel Ordovás, Kike Arnaiz, Álvalo Mel, Pablo Castellano, Luis Zamalloa, Álex Chines y Álex Puértolas. A su vez, establece una comparación entre las estrategias utilizadas por creadores y creadoras de contenido en esta red social. Los perfiles femeninos analizados son de: Dulceida, María Pombo, Tamara Gorro, Paula Gonu, Laura Escanes, Jessica Goicoechea, Rocío Osorno y Love Yoli. Se pretende comprobar si el sexo es una variable relevante en la selección de las estrategias argumentativas utilizadas.

En el capítulo 2, Irene Martín del Barrio reflexiona acerca de la integración de la *captatio benevolentiae*, un concepto de la retórica clásica, en las teorías actuales sobre argumentación. Observa que, en los manuales clásicos, el denominado *iudicem benevolum parare* va frecuentemente unido a otras dos figuras: el *iudicem attentum parare* y el *iudicem docilem parare*. Los tres fueron planteados por los retóricos como una fórmula fija prevista para el inicio de un tipo discursivo concreto: el judicial, de carácter formal, monológico y escrito. Sin embargo, a juicio de la autora, cuando se adopta la perspectiva de una teoría de la argumentación actual (Fuentes Rodríguez y Alcaide Lara 2002) y se cotejan estos procedimientos con un tipo de texto oral, coloquial y de menor planificación, como es el de los *youtubers*, se comprueba que, bajo la denominación clásica, se esconden un conjunto de estrategias argumentativas de imagen, apelación y cercanía con el destinatario, a las que el hablante recurre cuando lo necesita y que no necesariamente deben posicionarse al inicio del discurso.

En el tercer capítulo, «¿Cómo me presento en mi negocio? Análisis discursivo de los textos "sobre mí" en negocios basados en marca personal», Víctor Pérez Béjar y Rosa López Lorenzo han profundizado en textos cuyo desarrollo argumentativo está orientado a la creación de la imagen de una empresa basada en marca personal. En este tipo de empresas, se asocia la imagen corporativa con una persona concreta, el dueño del negocio, que trata en su comunicación de reivindicar una imagen positiva de sí mismo para que sus potenciales clientes confíen en él y contraten sus servicios o compren sus productos. Precisamente por este objetivo comunicativo, las páginas web «sobre mí», «conóceme» o similares adquieren especial relevancia como instrumento de persuasión publicitaria. En ellas, bajo la apariencia de un texto corporativo, el dueño del negocio se presenta a sí mismo y cuenta su historia personal para mostrar cercanía con sus clientes y empatizar con sus preocupaciones y necesidades. Estos textos tienen un efecto inmediato en definir una imagen positiva del negocio, pero, a su vez, actúan como una estrategia argumentativa propia del discurso publicitario de las empresas: la buena imagen aportada sirve como garantía de la profesionalidad del dueño del negocio y de la calidad de sus productos y servicios. Asimismo, la argumentación va dirigida a fortalecer el vínculo con los clientes y fidelizarlos. En este capítulo, se verán cuáles son los principales mecanismos para la construcción de estos textos para cumplir su doble objetivo de actividad de imagen y de persuasión: la reivindicación de ciertos roles sociales, el uso de la coloquialidad, el uso de enumeraciones continuadas, el refuerzo de la aserción, el control de tipos de argumentos utilizados, entre otros.

El trabajo de José García Pérez, «*Lo importante* y *lo interesante* en la praxis argumentativa», cuarto en orden de aparición, tiene por objetivo la delimitación de las funciones argumentativa e informativa que poseen los adjetivos *importante* e *interesante* en la macroestructura del texto, cuando aparece en el segmento *<lo (más) importante/interesante>*. Los resultados presentados constatan que el semantismo de estos dos adjetivos permite la aparición del segmento en huecos macroestructurales como la relación parentética entre enunciados y los márgenes izquierdo y derecho del enunciado. Según el autor, los hablantes emplean este segmento para expresar que el elemento sobre el que incide está en un punto superior en la escala argumentativa que otros de su misma naturaleza o clase, con el consiguiente resalte informativo que ello conlleva, al tratarse de elementos que tienen el mismo cometido en el texto. Con esta aportación se ha querido poner de manifiesto la necesidad de investigar el adjetivo desde un punto de vista macrosintáctico, y tener en cuenta aquellos elementos, mecanismos y construcciones que, sin formar parte de la clase de los marcadores discursivos, también tienen un cometido procedimental en el tejido textual.

Catalina Fuentes Rodríguez, en su trabajo «Argumentación en Twitter: la voz del ciudadano en los comentarios», quinto capítulo de los que conforman la obra, investiga los tuits de dos mujeres líderes en política, de diferente orientación ideológica, pero con una alta presencia mediática: Irene Montero, en ese momento, ministra de Igualdad del Gobierno de España, e Isabel Díaz Ayuso, presidenta de la Comunidad Autónoma de Madrid. La autora analiza tanto la argumentación que utilizan dichas políticas en Twitter, como los comentarios que suscitan sus producciones en los usuarios. Sobre el primer aspecto destaca el análisis de las estrategias empleadas por ambas, y, sobre todo, los supuestos, o *topoi*, en los que han basado sus argumentaciones analizadas, de naturaleza distinta en uno y otro caso.

Irene Montero apela al derecho a la vida, y a la salud y no dominación. Es decir, derechos humanos, legitimados por toda la sociedad internacional, que pertenecen al derecho natural. La argumentación de Díaz Ayuso pasa de lo general (ética) a lo particular: gasto innecesario en políticas de igualdad, sobre todo. Acude a la economía y concentra lo innecesario no en las políticas, sino en el *feministerio*, criticándolo ideológicamente como sesgado, no representativo, y atacando a su dirigente, Irene Montero, tratándola de inepta. Las mismas líneas siguen los comentarios de los usuarios. En este tipo discursivo reactivo, el ciudadano expresa su voz, haciéndola pública y compartiéndola con otros. Llaman la atención los ámbitos en los que estos se mueven reaccionando contra el populismo falaz, la mentira y la incoherencia. Por otro lado, está el fanatismo a favor o en contra, con valoraciones exageradas que alaban o atacan la imagen personal de la autora del tuit. La estructura que presentan dichos comentarios suele ser valoración positiva (con o sin argumentos) o miniargumentación en contra (+/- presencia valoración). Los fundamentos de legitimación de los *topoi* empleados se mueven en el ámbito de los derechos humanos generales y de la ética. Otros no abandonan el enfrentamiento ideológico.

El sexto capítulo versa sobre «El argumentario de igualdad del discurso institucional andaluz: el caso de la mujer rural». Aquí, Esperanza R. Alcaide Lara analiza la configuración de la imagen de la mujer rural en el discurso de la institución, la Junta de Andalucía, y, más concretamente, en el discurso de la Consejería de Agricultura, Pesca, Agua y Desarrollo Rural, como organismo dedicado, dentro de esta, a los intereses del sector agrario y pesquero. Se trata, pues, de un trabajo centrado en lo que se denomina comunicación institucional.

Su núcleo es el análisis del argumentario de igualdad de la instituciones andaluzas, a través del cual se fijan ideas, tesis, argumentos, etc., que irán conformando nuestros espacios mentales en torno a la mujer y, más concretamente, a la mujer rural. Se centra, sobre todo, en el estudio de la selección léxica y la utilización de estructuras lingüísticas que determinan las opiniones acerca de las cosas, conformando, de esta manera, amalgamas de ideas en los espacios mentales, base de los *topoi* que utilizamos en nuestras producciones lingüísticas, que afecta a la imagen social de los protagonistas discursivos, enunciativos u objeto de discurso. El objetivo de este estudio es comprobar si el argumentario que se utiliza en las campañas que reivindica la igualdad real y efectiva de la mujer frente al hombre (las del 8 de marzo) se aplica a la comunicación institucional en Andalucía de forma plena. Especialmente, interesan aquellos ámbitos socio-económicos en los que tradicionalmente la mujer ha estado eclipsada por la figura del varón, como es el mundo rural y del mar, terreno en el que este ha sido el único y exclusivo protagonista, a pesar de que se (re)conoce, aunque invisibilizada, su figura.

Cierra la obra, el trabajo de Damián Moreno Benítez, «Tratamiento de la argumentación en la enseñanza secundaria», en el que se analiza el tratamiento de la argumentación y la pragmática en la enseñanza secundaria, después de los avances que se han observado en los últimos años. El autor comprueba en qué medida se recogen dichos avances, que van en la línea de la nueva legislación educativa, y se exponen los retos que quedan pendientes para el profesorado de Lengua española en el desarrollo del currículo de Secundaria. Para ello, parte del enfoque de la Lingüística Pragmática, y lo contrasta con los libros de textos utilizados en ESO y Bachillerato.

Los trabajos aquí presentados reflejan, como hemos dicho líneas arriba, las preocupaciones de los miembros investigadores del grupo Argumentación y Persuasión en Lingüística (APL) de la Universidad de Sevilla. Con este volumen hemos pretendido, una vez más, poner de manifiesto la complejidad del funcionamiento discursivo de una lengua, en nuestro caso el español, y evidenciar las múltiples parcelas de estudio imbricadas en el análisis argumentativo de esta: desde la organización macrotextual, en la que los valores gramaticales se mezclan con factores contextuales, hasta sus implicaciones sociales, con la incidencia en la forma de ver y presentar el mundo, además de la configuración de la imagen social de los interlocutores, sea individual o colectiva.

Referencias bibliográficas

Anscombre, Jean Claude y Ducrot, Oswald (1994): *La argumentación en la lengua*. Gredos.

Bravo, Diana (2020): «Pragmática sociocultural para el análisis de los aspectos sociales del discurso». En M.ª Victoria Escandell Vidal, José Amenós Pons y Aoife K. Ahern (eds.), *Pragmática*. Madrid: Akal, 481-497.

Fuentes Rodríguez, Catalina (2000): *Lingüística pragmática y análisis del discurso*. Madrid: Arco/Libros.

Fuentes Rodríguez, Catalina y Alcaide Lara, Esperanza R. (2002): *Mecanismos lingüísticos de la persuasión*, Madrid: Arco Libros.

Lo Cascio, Vincenzo (1988): *Gramática de la argumentación: estrategias y estructuras*. Madrid: Alianza.

Perelman, Chaïm y Olbrechts-Tyteca, Lucie (1969): *The New Rhetoric: A Treatise on Argumentation*. Notre Dame (IN): Notre Dame Press.

Van Eemeren, Frans H. y Grootendorst, Rob (2004): *A Systematic Theory of Argumentation: the Pragma-Dialectical Approach*. Cambridge: Cambridge University Press.

Capítulo 1
La argumentación en Instagram*

María Soledad Padilla Herrada
Universidad de Sevilla

1. Introducción

Las redes sociales han revolucionado el modo en el que nos comunicamos en muy poco tiempo (Yus Ramos 2010). Así, en la actualidad, estas plataformas virtuales constituyen un importante reto para el lingüista, ya que conforman el epicentro de la sociedad digital (Caldevilla Domínguez 2010). En esta línea, contamos con varios trabajos recientes en los que se ha empezado a indagar en las características propias del discurso digital. Muchos de ellos están centrados en una de las plataformas virtuales que se emplean de forma más masiva: Twitter (ahora X). Se han observado aspectos tan importantes como la gestión de la imagen en este medio (Pérez Béjar 2014) y, especialmente, su grandísima rentabilidad en la actividad política (Mancera y Pano 2013a y b; Padilla Herrada 2015, etc.).

Otra red social con un empleo masivo en la actualidad es Instagram. Al igual que Twitter, ya se ha comenzado a utilizar como canal de mediatización política (Filimonov, Russman y Svensson 2016; Moreno Díaz 2021; García Beaudoux y Slimovich 2023). A su vez, ha adquirido un gran protagonismo en el ámbito de la publicidad. De hecho, afirman Dawley y Adame (2019) que más de 25 000 000 compañías en todo el mundo utilizan esta red social con el fin de publicitar sus productos o servicios. Tal es su importancia en el ámbito de la publicidad, que el llamado *marketing digital* es ya un campo de estudio en sí mismo (González Ramírez 2020).

---
* Este trabajo se inscribe dentro del proyecto P18-FR-2619 «Macrosintaxis del discurso persuasivo: construcciones y operadores», financiado por la Junta de Andalucía y fondos FEDER (IP: Catalina Fuentes Rodríguez y María Ester Brenes Peña), así como del proyecto concedido por el Ministerio de Ciencia e Innovación y la Agencia Estatal de Investigación «Las relaciones en la construcción del discurso: un enfoque multidimensional» (ReDisC PID2021-122115NB-I00; IP: Catalina Fuentes Rodríguez).

En este ámbito, ha adquirido un gran protagonismo la figura de los *influencers*, que podemos definir, siguiendo a Castelló Martínez (2016), como líderes de opinión que cuentan con miles de seguidores y que son reconocidos en el mundo digital.

Al contrario de lo que sucede con otros tipos de publicidad más directos, como la institucional (*vid.* Alcaide Lara 2009, 2019), la publicidad que el usuario consume a diario en Instagram es no invasiva, ya que los creadores de contenido utilizan la exposición de su vida íntima como medio catalizador del mensaje publicitario, de manera que, en muchos casos, se puede hablar de una publicidad encubierta (Padilla Herrada 2021), dado que, en muchos casos, los *influencers* se ocupan de persuadir al receptor (Anscombre y Ducrot 1994; Lo Cascio 1998) con mensajes que tienen una apariencia meramente informativa y en los que no se advierte al seguidor del carácter publicitario.

Así las cosas, el discurso de la nueva figura profesional del *influencer* o creador de contenido se constituye como un objeto de estudio de gran interés. Para profundizar en dicha figura, es necesario atender a los esfuerzos que estos usuarios realizan para proyectar una determinada imagen (Pérez Béjar 2014) que les sirva como forma de legitimación y otorgue credibilidad al mensaje transmitido.

En la presente investigación nos proponemos el objetivo de responder a la siguiente pregunta de investigación: ¿qué estrategias argumentativas utilizan los creadores de contenido para llevar a cabo sus propósitos persuasivos? Para ello, realizamos un análisis cualitativo de las publicaciones en Instagram de 8 creadores de contenido: Álex Domenech, Manuel Ordovás, Kike Arnaiz, Álvalo Mel, Pablo Castellano, Luis Zamalloa, Álex Chines y Álex Puértolas. A su vez, partiendo de los resultados expuestos en Padilla Herrada (2021)[1], establecemos una comparación entre las estrategias utilizadas por creadores y creadoras de contenido en la red social Instagram. Pretendemos comprobar, así, si el sexo es una variable relevante en la selección de las estrategias argumentativas utilizadas.

Este trabajo se estructura como sigue: tras esta introducción, exponemos los planteamientos teóricos que sustentan nuestra investigación y presentamos el corpus de los perfiles de Instagram seleccionados. A continuación, analizamos y ejemplificamos las estrategias argumentativas que utilizan los creadores de contenido en esta red social y establecemos una comparación con las características registradas en las publicaciones de las creadoras de contenido. Para finalizar, presentamos las conclusiones extraídas.

---

1. En Padilla Herrada (2021) ofrecemos un análisis de las estrategias empleadas por mujeres creadoras de contenido.

2. Marco teórico

Para realizar esta investigación tomamos como marco teórico la Lingüística Pragmática, expuesta en Fuentes Rodríguez (2017 [2000]). Esta autora defiende un análisis en el que se describen los componentes internos y externos del discurso de forma interrelacionada, con todos los elementos que conforman el esquema comunicativo. Esta autora aboga por un análisis global que tenga en cuenta los avances de la pragmática, junto con los presupuestos lingüísticos tradicionales (Fuentes Rodríguez 2017 [2000]: 52). Dicho modelo se ha planteado para ser productivo en el abordaje de la multidimensionalidad de cualquier tipo de texto y se puede aplicar a textos monologales y dialogales. En consonancia con este enfoque, pretendemos llevar a cabo un análisis que tenga en consideración todos los factores que condicionan la comunicación.

A su vez, nos servimos de los presupuestos de la Teoría de la Argumentación (Anscrombre y Ducrot 1994). Desde esta teoría se considera que el lenguaje tiene una naturaleza fundamentalmente persuasiva. En nuestro caso, nos servimos, más concretamente, de la formulación aplicada al español de Fuentes Rodríguez y Alcaide Lara (2002). Para estas autoras, la argumentación es una de las herramientas para manipular[2] a través del lenguaje. Se trata, así, de un «acto en el que está directamente implicado el hablante, que surge de la responsabilidad de este, de su propósito, consciente o ¿inconsciente? de influir sobre el receptor». De esta forma, en este trabajo vamos a considerar que la argumentación es el «conjunto de actividades del productor para anticipar y guiar la interpretación del receptor» (Fuentes Rodríguez y Alcaide Lara 2002: 14-15).

Teniendo en cuenta la naturaleza de nuestro objeto de estudio, también empleamos un concepto de carácter sociopragmático que tiene, en nuestra opinión, una gran trascendencia en el análisis del discurso digital del *influencer*: la noción de *imagen social* de Goffman (1967). Dicho concepto ha sido profundamente desarrollado por Bravo (1999, 2001, 2005, entre otros). Se parte, por tanto, de la presuposición de que el individuo tiene unas necesidades de imagen que proyecta en su interacción diaria, que se establecen en función de parámetros socioculturales. Brown y Levinson (1987) emplearon esta noción de imagen social en su modelo de cortesía lingüística, para explicar que el hablante pone en marcha las estrategias de cortesía para satisfacer sus *necesidades de imagen (face wants)*.

Siguiendo esta línea, Bravo (1999) añade los conceptos de *autonomía* y *afiliación*. La primera se corresponde con la imagen que el individuo tiene de sí mismo y

---

2. Fuentes Rodríguez y Alcaide Lara (2002: 17-19) afirman que las relaciones entre la persuasión y la argumentación son muy estrechas, dado que la persuasión suele ser el objetivo final de la totalidad de los actos argumentativos.

con cómo los demás lo consideran miembro de un grupo. Por su parte, la *afiliación* está relacionada con el deseo del individuo de ser visto por los demás, teniendo en consideración las características que lo identifican como parte de un grupo.

Partiendo de estos presupuestos, veremos que los rasgos que vamos a analizar en las publicaciones de los *influencers* formarían parte, por tanto, de las llamadas *actividades de imagen* (Goffman 1967) que los creadores de contenido ponen en marcha para construir, proyectar y controlar su imagen pública.

Por último, dado que vamos a establecer una comparación entre las estrategias empleadas por hombres y mujeres creadores de contenido, tomamos como referencia los resultados de las investigaciones que observan la relevancia de la variable «sexo» en los estudios lingüísticos. De esta manera, se han tenido en cuenta aportaciones en las que se caracteriza el discurso de la mujer en diversos ámbitos (Lakoff 1973, 1975; Cestero Mancera 2007), así como los trabajos en los que se compara el discurso del hombre y de la mujer en la interacción cotidiana (Brown 1993; Coates 2003, 2013; Acuña Ferreira 2009). Partiendo de estos presupuestos, nos proponemos comprobar si esas diferencias entre el discurso masculino y femenino, que se han documentado en otros ámbitos, como el discurso político (Alcaide Lara 2012; Brenes Peña 2012; Fuentes Rodríguez 2015), se registran también en el discurso del *influencer* en la red social Instagram.

3. Perfiles de Instagram analizados

Instagram es una red social donde cada usuario debe crearse una cuenta, que se identifica con un nombre, y un perfil con un muro, en el que el gestor de dicha cuenta cuelga fotografías, acompañadas o no de texto, que comparte con los usuarios que *siguen* dicha cuenta. Los contenidos incluidos en el muro son fundamentales en la construcción de una determinada imagen. En Instagram, los distintos usuarios pueden dar «me gusta», comentar y compartir las distintas publicaciones de los perfiles seguidos.

Al igual que sucede en otras redes sociales y plataformas virtuales (Pérez Béjar 2014; Padilla Herrada 2017), el discurso de Instagram constituye un tipo híbrido en el continuo oral - escrito / coloquial - formal. En función del agente que gestiona una determinada cuenta y del propósito perseguido, podemos encontrar un discurso más próximo a la *inmediatez* o a la *distancia comunicativa*, utilizando los términos de Koch y Oesterreicher (1990 [2007]).

Así, es posible detectar perfiles donde se da un discurso en el que se cumplen muchos de los parámetros propios de la conversación coloquial cara a cara (Briz 1998): escaso grado de planificación, relación de proximidad entre los interlocutores, temática no especializada, etc.; en otros, en cambio, encontramos un discurso más planificado, donde hay asimetría entre los participantes y donde hay menos léxico marcado diafásicamente, por ejemplo, en las cuentas de los líderes políticos (Filimonov, Russman y Svensson 2016; Moreno Díaz 2021).

En cualquier caso, también en los perfiles en los que se pretende emplear recursos que recreen una situación cercana a la *inmediatez comunicativa*, existen condicionantes propios del medio que determinan las características de la interacción que tiene lugar en esta red social (*vid.* Mancera y Pano 2013a y b; Briz Gómez 2015): la comunicación se desarrolla a través de un código gráfico y en ausencia de los interlocutores, de manera que las estrategias discursivas utilizadas para proyectar una determinada imagen cobran una especial relevancia (Pérez Béjar 2014: 484).

En el caso de las cuentas aquí analizadas, es importante tener en cuenta la asimetría funcional existente entre el creador de contenido y los seguidores, ya que los primeros desempeñan un rol social virtual reconocido, de manera que hay una organización jerárquica propia de la red global (Pérez Béjar 2014: 485). Además, al gestionar su cuenta, pueden limitar el número de comentarios de sus seguidores y eliminar aquellos que no sean convenientes a la imagen pública que se desea proyectar (Padilla Herrada 2021).

Para seleccionar los perfiles que hemos tomado como referencia en nuestro análisis, nos hemos basado en el número de seguidores. En la siguiente tabla, mostramos los creadores de contenido cuyos perfiles analizamos y mostramos el número de seguidores de cada uno de ellos[3]:

Tabla 1. Creadores de contenido y número de seguidores

Nombre del *influencer*	Número de seguidores[4]
Álvaro Mel	1 200 000
Pablo Castellano	471 000
Álex Domenech	344 000
Kike Arnaiz	319 000
Álex Chiner	226 000
Álex Puértolas	175 000
Luis Zamalloa	159 000
Manuel Ordovás	62 900

3. Téngase en cuenta que la extracción del corpus se ha realizado de manera manual, considerando las publicaciones que los creadores y creadoras de contenido tienen en el tablón de su perfil.

4. Dato consultado en noviembre de 2022.

En esta investigación centramos nuestro interés en las estrategias empleadas por los creadores de contenido, pero hemos analizado los perfiles de 8 creadoras de contenido con el objetivo de verificar las diferencias en las estrategias empleadas[5], partiendo de la variable «sexo». Los datos relativos a las *influencers* analizadas se recogen a continuación:

Tabla 2. Creadoras de contenido y número de seguidores

Nombre de la *influencer*	Número de seguidores[6]
Dulceida	3 200 000
María Pombo	2 800 000
Tamara Gorro	2 000 000
Paula Gonu	2 000 000
Laura Escanes	1 800 000
Jessica Goicoechea	1 700 000
Rocío Osorno	1 500 000
Love Yoli	520 000

4. Análisis

A continuación, analizamos las estrategias argumentativas de los *influencers*, tomando como referencia las publicaciones presentes en los perfiles de: Álvaro Mel, Pablo Castellano, Álex Domenech, Kike Arnaiz, Álex Chiner, Álex Puértolas, Luis Zamalloa y Manuel Ordovás. De manera paralela a los resultados hallados en los perfiles de las *influencers* (Padilla Herrada 2021), distinguimos dos macroestrategias en el discurso de los creadores de contenidos: las estrategias de autopromoción y las estrategias de promoción de un producto. Estas últimas están más propiamente relacionadas con el discurso publicitario tradicional (Ferraz Martínez 1993; López Eire 1998; Adam y Bonhomme 2000; Alcaide Lara 2009). En los próximos apartamos mostraremos cómo dichas estrategias se implementan en el discurso de los creadores de contenido y estableceremos una comparación con las estrategias más documentadas en los perfiles de las creadoras de contenido.

Como veremos en los ejemplos seleccionados, en cada publicación dichas estrategias se superponen, ya que, a grandes rasgos, las publicaciones que encontramos

---

5. Hemos analizado los perfiles de las mismas *influencers* que tomamos como referencia en Padilla Herrada (2021). En esta ocasión, hemos aumentado el número de perfiles observados.

6. Dato consultado en noviembre de 2022.

en estos perfiles profesionales están dedicadas a desvelar algún aspecto de su vida privada, a dar publicidad a un producto y, a veces, a ambas cosas. Esta distinción tipológica de la naturaleza de las publicaciones de los creadores de contenido se representa en la siguiente figura:

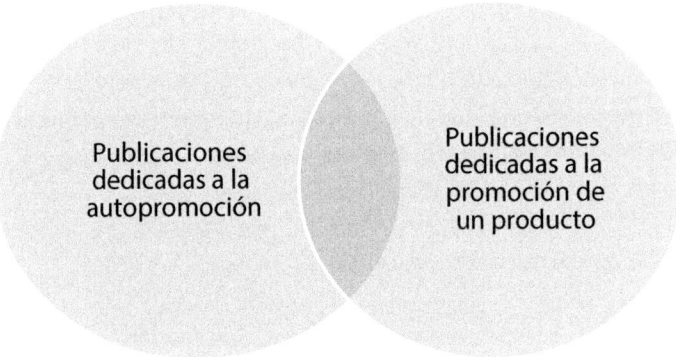

Figura 1. Tipología de las publicaciones de los *influencers*

4.1. Estrategias vinculadas a la autopromoción

Dentro del grupo de las estrategias relacionadas con las actividades de autopromoción distinguimos, en primer lugar, las subestrategias vinculadas propiamente con el refuerzo de la autoimagen; y, en segundo lugar, las que están dirigidas al refuerzo de la relación entre el creador de contenido y sus seguidores. A continuación, vamos a ir describiendo y analizando cada una de estas subestrategias.

4.1.1. Refuerzo de la autoimagen

a) Expresiones lingüísticas marcadas diafásicamente y diastráticamente.
   Si tenemos en cuenta que la mayoría de los usuarios que utilizan Instagram pertenece a la llamada generación del milenio (Pérez Curiel y Sanz Marcos 2019), resulta esperable que en el discurso de los creadores de contenido se registren expresiones lingüísticas propias de hablantes jóvenes. Así, observamos en los siguientes ejemplos[7] el verbo *pillar* como sinónimo de *comprar* y el verbo *flipar* como sinónimo de *gustar*. Este último, el verbo *flipar*, está marcado en el *DLE* (2014) como forma coloquial en España:

---

7. En todos los ejemplos se respeta la ortografía original.

(1) Estrenando este cascazo de Marc Márquez que *pillé* en [mención a una cuenta] 😜 🌍 (INSTAGRAM, Luis Zamalloa).

(2) Estos planes de verano me flipan (Aunque perdí 😐🥔) @usuario es el mayor y es un abusón jajaja (INSTAGRAM, Álex Puértolas).

Otro aspecto que refleja la tendencia a la coloquialidad de este tipo de discurso se observa en el ejemplo 2, en el que detectamos la transcripción del sonido onomatopéyico de la risa, rasgo con el que se intenta recrear a través de un código gráfico una interacción cercana a la inmediatez comunicativa (Koch y Oesterreicher 1990 [2007]). A su vez, hay otros términos marcados como coloquiales, como la palabra *chaval* (DLE 2014):

(3) Gozándolo con los *chavales* (INSTAGRAM, Pablo Castellano).

También hemos podido registrar la presencia de acortamientos, como *nica*, en lugar de *nicaragüenses*. Este tipo de acortamientos son, según la Fundéu, propios de un registro informal y se desaconseja su uso en los medios de comunicación. Su inserción en esta red social se debe a esa búsqueda de la sensación de inmediatez y cercanía que se desea que experimenten los seguidores:

(4) Me metí en un mercado local en Nicaragua para ver qué se vendía por allí… y acabé fotografiando a todo el mundo. ¿Pueden ser más simpáticos los *Nicas*? Acabo de publicar un vídeo donde enseño cómo hice estas fotos! [enlace] (INSTAGRAM, Kike Arnaiz).

b) Descripción de situaciones cotidianas.

Son muy frecuentes las publicaciones en las que los creadores de contenido revelan algún aspecto de su vida privada, ya sea para hacer partícipes a los seguidores de su día a día o para informar sobre su rutina y costumbres. De esta forma, el emisor expone situaciones de carácter general con las que cualquier individuo puede sentirse identificado. El hablante busca, así, la sensación de identificación del receptor, en cuyo endogrupo se incluye. Se trataría, así, de una estrategia relacionada con el refuerzo de su imagen positiva (Brown y Levinson 1987):

(5) Pasamos la mañana en el Pier de sta Monica (INSTAGRAM, Manuel Ordovás).

(6) En casa siempre se come pan 🥖 (INSTAGRAM, Manuel Ordovás).

c) Inserción de otras voces en el discurso propio.

Utilizar la polifonía como fuente para la argumentación es un recurso muy utilizado y altamente productivo (Fuentes Rodríguez y Alcaide Lara 2002; Lo Cascio 1998). En algunos casos, se inserta la voz de un ser querido y se presenta como una cita de autoridad. De esta forma, se le da una mayor dimensión expresiva al mensaje. En el siguiente ejemplo, el padre de Luiz Zamalloa, cuya voz se introduce a través del verbo *dicendi*, actúa como sujeto empírico, locutor λ y enunciador. Sin embargo, el propio creador de contenido, al emplear esa voz para justificar su propio discurso, también actúa como enunciador:

(7) Como diría mi padre, en esta foto parezco el Marqués de Quelada. Aquel que ni era marqués, nin era nada 😂.
PD: estoy en la clínica hoy, barquitos pocos. Poca cosa que contaros, os subo esta foto de verano 🐚 (INSTAGRAM, Luis Zamalloa).

En ocasiones, también se inserta la voz de personajes públicos conocidos por los seguidores, con el objetivo de evocar sensaciones positivas en él, en la misma línea de lo que sucede en la publicidad más tradicional (Ferraz Martínez 1993; López Eire 1998). Lo vemos en el siguiente caso:

(8) Como dice @rosalia.vt Tra Tra 🐎, pero para nosotros siempre será Pam Pam… (INSTAGRAM, Pablo Castellano).

Por otra parte, encontramos casos en los que el hablante introduce una voz en su discurso, pero no se informa de ello al seguidor. Especialmente comprometidos para su imagen son los casos en los que el creador de contenido utiliza el eslogan de la marca como pie de foto, sin advertir de que no se trata de un discurso propio. Cuando esto sucede, la imagen del creador de contenido sale fortalecida por el contenido del eslogan, sin embargo, se corre el riesgo de que su publicidad se pueda catalogar como engañosa (Castelló Martínez y Del Pino Romero 2015):

(9) Cuestión de actitud [mención a una cuenta] (INSTAGRAM, Álex Chiner).

d) Proyección de una autoimagen sensible.
Aunque no es lo habitual, hemos encontrado en los perfiles de algunos de estos creadores de contenido publicaciones en las que se observan actividades de imagen más ligadas a la emoción. Se apela, así, al *pathos* del internauta, mecanismo altamente productivo en la comunicación pública, dada su cercanía con el receptor y su éxito inmediato (Alcaide Lara 2019; Fuentes Rodríguez 2020). De esta forma, se utiliza como estrategia la puesta en juego de unos valores que se presentan como compartidos por los seguidores, debido a las consecuencias positivas que esto tiene para la imagen social del emisor (Padilla Herrada 2015). Así, este recurso se emplea, a su vez, como mecanismo de afiliación (Bravo 2004).

En el siguiente ejemplo, extraído del perfil de Kike Arnaiz se recurre a un fragmento narrativo en el que se cuenta una historia personal de superación para, a continuación, presentar los hechos expuestos como argumentos a favor de la venta de un curso de fotografía. Se trata del llamado *storytelling* al que se refiere Fuentes Rodríguez (2020: 155). Usando las palabras de esta autora, vemos que «un enfoque cognitivo y filosóficamente fundado en la verdad deslegitima estos procedimientos» (Fuentes Rodríguez 2020: 155):

(10) La fotografía no ha sido un camino fácil para mí. Han sido años de tropezar con muchos obstáculos, con mucha inversión en tiempo y en dinero…
Y ahora que me dedico a ello profesionalmente puedo ver con perspectiva todos esos errores y recordar a mi yo del pasado, cuando apenas sobrevivía haciendo algún trabajo con la cámara, pero que me decía a mí mismo: «Lo vas a conseguir, con el tiempo y el esfuerzo todo llega». Y así ha sido, a día de hoy solo puedo darle las gracias a la fotografía por aparecer en mi vida y permitirme conocer el mundo como lo hago.
Si quieres aprender conmigo y ahorrarte ese gran camino de obstáculos, en mis cursos enseño todo lo que sé y cómo lograr exprimir al máximo esos conocimientos. Y además, al 50 % por Black Friday hasta el día de mañana! Más de 5000 alumnos ya han pasado por esta formación, y los cursos se han convertido en los mejores valorados del mundo de la plataforma Hotmart, con una media de 4,9/5. Estos cursos puedes hacerlos a tu ritmo, son 100 % online y no caducan, puedes empezar hoy o el año que viene, o también se los puedes regalar a un amigo o ser querido… ahora están a mejor precio que nunca 🎉 [enlace a una página web] (INSTAGRAM, Kike Arnaiz).

El éxito de esta estrategia reside en la sensación producida en el receptor, quien percibe estar teniendo acceso a la faceta más humana que se esconde tras el rol del creador de contenido. Además, hace alusión a metáforas conceptuales útiles para despertar la empatía del seguidor: superación de obstáculos, inversión de tiempo, de dinero, etc. Lo mismo sucede en la siguiente publicación de Álex Chiner:

(11) El día de esta foto estaba en una tienda con las dos perras y una pareja vio a la Pana y se acercó a decirle cosas y acariciarla. La coco fue para ver si le decían algo y no le hicieron caso. Una señora mayor vio la escena desde unos 5 metros y dijo «pobrecita», y se acercó a la coco, se agachó y estuvo como un minuto dándole mimos. Señora, usted no va a leer esto pero la quiero mucho. (INSTAGRAM, Álex Chiner).

Un efecto parecido tiene un ejemplo como el siguiente, en el que se alude a facetas personales que el *influencer* quiere proyectar mediante la declaración de amor a un ser querido. A través del empleo de este recurso, el seguidor tiene la sensación de estar acercándose a la esfera íntima del emisor y, por tanto, se siente como parte de su endogrupo. En este ejemplo, acompañado de la foto del emisor con su bebé, Luis Zamalloa se refiere a su hija con un apelativo cariñoso, en el que se usa el diminutivo como mecanismo de expresión de afecto y se emplea una estructura exclamativa para lamentar[8] lo rápido que crece. Es interesante observar que el receptor alocutario del mensaje es su bebé, aunque el destinatario principal considerado por el creador de contenido son los seguidores.

(12) Mi ratoncito… qué rápido creces (INSTAGRAM, Luis Zamalloa).

e)   Proyección de una autoimagen de descaro.
En ocasiones, vemos que algunos creadores de contenidos proyectan una imagen de descaro en sus publicaciones, lo cual podría ser perjudicial para su imagen negativa (Brown y Levinson 1987). Por ejemplo, Álvaro Mel publica lo siguiente, acompañado de una fotografía en la que aparece tumbado:

(13) Viviendo del cuento 📚 (INSTAGRAM, Álvaro Mel).

Con esta publicación, el *influencer* hace alarde de un rasgo negativo que, a menudo, se atribuye a los creadores de contenido. Con esto, el emisor refuerza su imagen de autonomía (Bravo 2004), mostrándose orgulloso de disfrutar de los beneficios de su trabajo. En este sentido, degrada públicamente su imagen para romper las expectativas de sus seguidores y proyectar una imagen de sinceridad ante el receptor (Brenes Peña 2021).
Por su parte, en el siguiente ejemplo, Álex Chiner plantea un mensaje en el que parece responder a la objeción de un supuesto interlocutor que ha mostrado su queja ante el hecho de que haya subido una fotografía de unos pies, que es el contenido que él está ofreciendo, junto al texto. De esta forma, el creador de contenido se muestra como consciente de que muchos de sus seguidores pueden considerar que su contenido es irrelevante y, pese a ello, decide publicarlo, junto a un argumento (el atardecer que se aprecia en la fotografía) que pretende justificar su contenido:

(14) Que sí, que no hay que subir fotos de pies gratis pero mira qué atarceder (INSTAGRAM, Álex Chiner).

A través de este tipo de publicaciones, los creadores de contenido fomentan valores como la autoafirmación, la autoestima, la confianza en sí mismos, etc.

---

8. Véase Alcaide, Carranza y Fuentes (2016).

(Alcaide Lara 2012: 11). De manera que, aunque puedan ser arriesgadas para su imagen negativa, los *influencers* también obtienen un gran beneficio para su imagen social: se presentan como seres honestos.

De igual forma, pueden resultar arriesgadas para su imagen social publicaciones como la siguiente, en la que el *influencer* se muestra consciente de los privilegios que tiene gracias a su trabajo, de forma que excluye de su endogrupo a sus seguidores y hace ostentación de la exclusividad de lo que no pueden disfrutar los destinatarios de esta publicación:

> (15) Como niños corriendo de un lado a otro. El parque solo para nosotros (un fucking sueño) Gracias @waterworldparc por hacerlo posible, no lo pudimos pasar mejor! 💦[9] (INSTAGRAM, Álex Domenech).

f)   Juegos lingüísticos y humor.

En algunos casos, también hemos registrado publicaciones en las que se emplean los juegos lingüísticos y el humor con una finalidad persuasiva. Como indican Ruiz Gurillo y Alvarado Ortega (2013), el humor se sirve de indicadores que permiten al receptor inferir el significado del mensaje, dado su carácter contextual. Por ejemplo, en el siguiente ejemplo, se utiliza la unidad fraseológica *estar como un queso* (normalmente, utilizada para hacer referencia a una persona atractiva) para describir el sabor de la tostada de queso que el creador de contenido aparece comiendo en la fotografía. Vemos, así, que este medio favorece el empleo de recursos multimodales, en este caso la fotografía, para facilitar la interpretación humorística de los mensajes lingüísticos:

> (16) Esta tostada está como un queso!!
> Qué fácil de hacer, y qué bien sienta!! @marca nunca falla!
> Si quieres ganar una impresona portátil kodak como la de mi story, participar en el sorteo, es muy fácil, entra en [página web] y sube una foto de tu tarrina junto con tu creación (INSTAGRAM, Pablo Castellano).
> Algo similar sucede en el siguiente ejemplo, en el que el *influencer* Kike Arnaiz cuelga en su muro una foto de dos monos, acompañada del siguiente mensaje:

> (17) Recapitulación de fotos que hice a tus ex (INSTAGRAM, Kike Arnaiz).

En esta publicación, el creador de contenido establece una comparación entre las exparejas de sus seguidores con unos monos. La incongruencia (Ruiz Gurillo y Alvarado Ortega 2013) entre la fotografía y el mensaje lingüístico desencadena

---

9. Esta publicación está acompañada de la fotografía de los toboganes de un parque acuático.

un efecto humorístico que contribuye a generar un ambiente de complicidad con el seguidor y un clima comunicativo favorecedor para su imagen social.

4.1.2. Refuerzo de la relación interlocutiva. El dialogismo

Para crear su identidad en el mundo virtual y proyectar una autoimagen positiva, los creadores de contenido deben mostrar predisposición para relacionarse e interactuar con sus seguidores. Por ello, también hay recursos directamente vinculados con el refuerzo de la relación interlocutiva. Esto explica las constantes referencias al receptor y los enunciados interrogativos dirigidos a este. Este recurso no es exclusivo del discurso de los creadores de contenido, sino que se da en otros tipos de discurso público, como el discurso político (Mancera y Pano 2013a) y el discurso publicitario (López Eire 1998; Adam y Bonhomme 2000). Lo vemos en los siguientes ejemplos:

> (18) Jugamos? 🎾 🎾 🎾
> (Soy de tenis, no puedo con el pádel) jaja (INSTAGRAM, Álex Puértolas).
> (19) Llevo un día terrible así que voy a subir estas fotos de Saudí que me encantan y me faltaban por subir. Subirlas no mejorará nada pero mientras no lo empeore… Cuál os gusta más? (INSTAGRAM, Álex Chiner).

Lo interesante es que, a pesar de formular sus mensajes como intervenciones de inicio, con las que se pretende generar en el receptor la sensación de que se va a desencadenar una interacción, casi nunca llega a darse realmente (Mancera y Pano 2013a; Padilla Herrada 2021). Esto sucede también en los casos en los que hay una alusión más directa al receptor, a través del empleo de la segunda persona del singular:

> (20) ¿Podrías vivir en el ártico? 🥶
> Temperaturas extremas, meses sin ver el son… pero tiene sus puntos positivos, quieres saber cuáles? Acabo de publicar un vídeo sobre cómo es la vida allí, no te lo pierdas! (INSTAGRAM, Kike Arnaiz).

4.2. Estrategias de promoción de un producto

4.2.1. Recursos propios del discurso publicitario

a) Enunciados no oracionales.
   Algunos de los recursos utilizados están directamente vinculados con el discurso publicitario (Padilla Herrada 2021). En este sentido, encontramos varias

publicaciones donde se utilizan enunciados sin verbo, que no constituyen, por tanto, oraciones. Esta estrategia es muy común en el discurso publicitario para dotar al mensaje de una mayor expresividad (Ferraz Martínez 1993; López Eire 1998). Junto con este recurso, cobra una especial importancia la información aportada por el recurso multimodal empleado.

En el caso de (21), el mensaje va acompañado de una fotografía en el que Álex Domenech aparece en un barco; y en (22), Álex Puértolas ofrece una fotografía de la decoración de una estantería:

> (21) La piel salada, los pies descalzos, la brisa del mar. Nuestra casa esta semana ⛵ con @cuenta las mejores vacaciones del año! 👀 (INSTAGRAM, Álex Domenech).
> (22) Detalles 🏠 (INSTAGRAM, Álex Puértolas).

b) Empleo de imperativos.

La cercanía con el discurso publicitario se hace especialmente evidente en publicaciones como las siguientes, en las que los creadores de contenido utilizan secuencias instruccionales (Fuentes Rodríguez 2017 [2000]). Para ello, a menudo, utilizan el modo verbal imperativo, a través del que se hace una recomendación al receptor:

> (23) Las fagas de sol también son para el invierno. Así que esta Navidad encuentra tus gafas perfectas de entre toda la variedad de la nueva colección de @cuenta (INSTAGRAM, Manuel Ordovás).

En el siguiente ejemplo, en el que Álex Chiner recomienda visitar la página web de una marca de gafas de sol, el *influencer* utiliza como argumento la alusión a la frecuencia con la que lleva gafas de sol, utilizando el operador argumentativo *hasta*, con el que coloca el hecho de llevar gafas de sol en interiores en una posición alta de la escala y lo plantea como no esperado para el receptor (Fuentes Rodríguez 2018 [2009]: 185):

> (24) Últimamente voy con gafas de sol hasta en interiores. Esta es una de las gafas de @cuenta que escogí, tenéis las otras en stories. Pasaos por su web porque están de promoción por la llegada del verano (INSTAGRAM, Álex Chiner).

c) Figuras retóricas.

El empleo de figuras retóricas para enriquecer desde un punto de vista formal el mensaje también es un recurso muy habitual en publicidad (Ferraz Martínez 1993; López Eire 1998). Este recurso también es aprovechado por algunos de los creadores de contenido cuyos perfiles hemos analizado. Son especialmente frecuentes la personificación y la hipérbole:

(25) Hay aromas que nos teletransportan💙 A nosotros, [mención a un perfume] siempre nos recordará al norte! (INSTAGRAM, Luis Zamalloa).

(26) Ahí arriba hacía más frío del que parece en la foto 🥶.
Dreamworld es la tercera edición limitada de [mención a una marca de refrescos] y como su nombre indica te lleva a las nubes con su sabor (INSTAGRAM, Álex Chiner).

d) Marcadores discursivos.

Muchos de los marcadores discursivos registrados en los perfiles de los creadores de contenido analizados actúan en el plano argumentativo (Fuentes Rodríguez 2017 [2000]). Por ejemplo, en la siguiente publicación, Kike Arnaiz está ofreciendo argumentos a sus seguidores para visitar un vídeo de Youtube. Para introducir el segmento que tiene más peso argumentativo, el emisor utiliza el conector de adición *además*:

(27) Acabo de colgar un video en YT de 24h acampando sólo en un bosque, con el Krakkar. Puedes ver cómo hago para vivir en el coche: encontrar sitios para dormir, cocinar, ducha y mucho más! *Además* lo grabé con una GoPro en la cabeza, efecto primera persona! Pásate a contarme qué te pareció ✌️ 🚙(INSTAGRAM, Kike Arnaiz).

A su vez, encontramos intensificadores argumentativos como *tan*, que aparece, en el siguiente caso, en una correlación comparativa (Fuentes Rodríguez 2018 [2009]: 341-242):

(28) Tan importante como el look son los complementos, y hoy he elegido estas Wayfarrer de Rayban @SunglassHut para celebrar en esta fiesta de bienvenida del verano que la cuenta atrás para las vacaciones ha comenzado (INSTAGRAM, Manuel Ordovás).

e) Pronunciación marcada.

En algunas publicaciones, se utiliza la mayúscula para dar cuenta de la pronunciación marcada de un determinado segmento. Este recurso tiene como fin destacar informativamente una parte del mensaje (Gutiérrez Ordóñez 1997) Lo vemos en ejemplos como el siguiente:

(29) INCREÍBLE todo lo que viví ayer con gente que quiero. Imposible haberlo pasado mejor con todos, tengo agujetas de no parar de reírme y no parar de bailar. Repetiría todos los días de mi vida esta plan. 🕺🤪 (INSTAGRAM, Pablo Castellano).

f) Alusión a valores colectivos.

En este tipo de discurso también hay ocasiones en las que los emisores hacen alusión a temas o valores de relevancia general. Esto es positivo para su imagen social ya que se muestran como personas sensibilizadas con aspectos que implican a toda la sociedad. Así, consiguen establecer una conexión con sus seguidores, lo que facilita la persuasión.

En el siguiente ejemplo, Álex Puértolas alude al autocuidado, aspecto al que se le da una gran relevancia en la sociedad actual:

(30) La dulzura de pasar tiempo con una/o misma/o (INSTAGRAM, Álex Puértolas).

En esta misma línea, en el siguiente ejemplo, el creador de contenido apela a la moralidad de sus seguidores haciendo alusión a la sostenibilidad del planeta. Así, al igual que sucede en el discurso político digital (Padilla Herrada 2015), se apela a la identidad colectiva de los seguidores, al emplear temas socialmente incuestionables con una finalidad persuasiva:

(31) Nuevos comienzos, nuevo hogar 🙂.
Gracias a @cuenta por ayudarme a sentirla más mías con sus productos hechos a mano con madera sostenible y reciblada 💛✨ (INSTAGRAM, Álex Puértolas).

4.2.2. Recursos propios del medio

a) Responsabilizar al seguidor del contenido publicado.
Con frecuencia, los creadores de contenido justifican la publicación de un contenido explicitando que los seguidores lo han solicitado. Por ejemplo, en el siguiente ejemplo, Pablo Castellano dice publicar un vídeo «por petición popular»:

(32) Por petición popular os dejo un mini vídeo del otro día haciendo mi primer salmorejo 🥘 (INSTAGRAM, Pablo Castellano).

De igual forma, Manuel Ordovás justifica la publicación en la que publicita unos zapatos, alegando que, tal vez, alguno de sus seguidores pueda estar interesado. Con este recurso, además de dar publicidad al producto, se fortalece la relación interlocutiva, ya que el creador de contenido expresa su intención de proporcionar información útil a sus seguidores:

(33) Por si le interesa a alguien, los zapatos de ayer son de @marca (INSTAGRAM, Manuel Ordovás).

b) Eslogan como etiqueta.
Un elemento propio del discurso publicitario tradicional es el eslogan (Ferraz Martínez 1993; López Eire 1998). Dicho elemento funciona, tal y como señala

Canel Crespo (1999), como un componente simbólico que encarna la idea con la que la marca pretende que el consumidor la asocie. Pues bien, en muchas publicaciones, los *influencers* incluyen el eslogan como etiquetas, de manera que se convierten en garantes de los valores seleccionados por una determinada marca (*vid*. Mancera y Pano 2015). Lo vemos en el siguiente ejemplo:

(34) Que bien sientan estos momentos navideños con amigos en calma con un buen vino @marca 🎄🍷 #NavidadesHechasDeCalma #marca #HechoDeCalma (INSTAGRAM, Luis Zamalloa).

5. Comparación partiendo de la variable «sexo»

Si establecemos una comparación entre las estrategias argumentativas empleadas por hombres y mujeres creadores de contenido, observamos diversos rasgos comunes. Con respecto a las estrategias de refuerzo de la autoimagen, encontramos: el empleo de términos marcados diafásica y diastráticamente, la descripción de escenas cotidianas, la introducción de otras voces en el propio discurso y la expresión de preocupación por temas sociales.

Sin embargo, sí se hace evidente que el empleo de expresiones lingüísticas marcadas diastráticamente y, concretamente, propias de hablantes jóvenes, es más habitual en las publicaciones de los creadores de contenido. Además, en el discurso masculino hallamos varias publicaciones dirigidas a proyectar una imagen social de descaro, donde se utilizan juegos lingüísticos y el humor con una finalidad estratégica, aspecto que no se ha observado en el discurso de las *influencers*.

Por otra parte, en los perfiles de las creadoras de contenido, se observan publicaciones más fuertemente vinculadas a la proyección de una imagen sensible, en relación con temas relevantes para la sociedad (cáncer, racismo, machismo, complejos, autocuidado, etc.). Este tipo de publicaciones no se han registrado en los perfiles masculinos seleccionados. Nos referimos a ejemplos como el siguiente:

(35) Os gusta este conjunto verde? A mí sí pero odio mi ombligo un poco 💚 (INSTAGRAM, Paula Gonu).

Con respecto a las estrategias relacionadas con el refuerzo de la relación interlocutiva, hemos visto que, en el perfil de las mujeres creadoras de contenido, son frecuentes las publicaciones donde hay una exaltación de la imagen de grupo (a menudo en el día de la mujer o en el día de la lucha contra el cáncer de mama), pero no encontramos publicaciones similares en los perfiles de los hombres analizados.

A su vez, vemos otra diferencia relevante: en las publicaciones de los creadores de contenido no son frecuentes las muestras de cortesía valorizante dirigida a los seguidores, estrategia que sí es muy común entre las *influencers*:

(36) Gracias (INSTAGRAM, Jessica Goicoechea).

En el caso de los hombres, la cortesía valorizante suele estar dirigida a sus seres queridos. Sucede en publicaciones como la siguiente:

(37) Hoy se ha graduado esta personita en publicidad y RRPP ¡Qué orgulloso estoy de ti! @usuario ¡El mundo se te queda pequeño! Te quiero! (INSTAGRAM, Manuel Ordovás).

Por último, hemos de indicar que las estrategias ligadas a la promoción de un producto son comunes tanto en los hombres como en las mujeres cuyos perfiles se han analizado. En ambos encontramos estrategias propias de la publicidad tradicional (Ferraz Martínez 1993; López Eire 1998; Adam y Bonhomme 2000): empleo de enunciados no oracionales, imperativos, figuras retóricas, conectores y operadores argumentativos, empleo de una pronunciación marcada y alusión a valores colectivos con una finalidad estratégica. También hallamos en los perfiles de ambos grupos los recursos propios del medio: el uso de eslogan como etiqueta y el hecho de responsabilizar al seguidor del contenido publicado.

Conclusiones

La realización de esta investigación nos ha permitido observar las estrategias comunes empleadas por hombres y mujeres creadores de contenido en nuestro país. Estas estrategias comunes tienen como objetivo la autopromoción, ya sea a través de estrategias dirigidas a ensalzar la imagen propia o a través del refuerzo de las relaciones con los seguidores. A su vez, en las publicaciones más vinculadas con la promoción de un producto, se observan, tanto en los perfiles de hombres como de mujeres, estrategias ligadas al discurso publicitario tradicional y también otras más propias del medio. Entre estas últimas, destacamos el uso del eslogan de una marca como etiqueta y el hecho de responsabilizar a los seguidores del contenido publicado.

Por otra parte, también se han señalado diferencias en las estrategias utilizadas entre hombres y mujeres *influencers*. Hemos observado que las muestras de cortesía valorizante hacia los seguidores se dan en los perfiles de las mujeres creadoras de contenido. En cambio, en los perfiles de los hombres, las muestras de cortesía valorizante están dirigidas a personas de su ámbito privado. Además, son mucho más frecuentes en los perfiles femeninos las publicaciones en las que se hace referencia a valores colectivos y a la preocupación por temas relevantes para la sociedad. Es decir, las mujeres recurren con más frecuencia al *pathos* como forma de legitimación propia.

A su vez, hay un mayor esfuerzo en el discurso de las creadoras de contenido por proyectar una imagen de mayor sensibilidad y cercanía con respecto al seguidor. A este respecto, podemos decir que se cumplen, en cierta medida, algunas de las afirmaciones de Lakoff (1975) Brown (1993) o Fernández Pérez (2007), según las cuales la mujer, al menos, en este contexto, es más cortés que el hombre, utiliza más formas de expresión ligadas a la emotividad y es más colaborativa en la interacción. En cambio, en los perfiles de los creadores de contenido se observan publicaciones con los que proyectan una imagen más desenfadada y descarada.

Aunque se han analizado tipos de discurso en los que estas diferencias entre el comportamiento discursivo entre hombres y mujeres se difuminan, como en el discurso político (Brenes Peña 2012; Fuentes Rodríguez 2015) observamos que los *influencers* proyectan una imagen impregnada de los valores prototípicamente asociados con la feminidad y la masculinidad con una finalidad estratégica. Es decir, en este estudio vemos que, al igual que sucedía en los perfiles de las mujeres (Padilla Herrada 2021), también en los perfiles de hombres se cumplen los estereotipos de género asociados a este sexo.

Por último, un aspecto común que hay que destacar en el discurso de los hombres y mujeres creadores de contenido es que, a diferencia de la publicidad tradicional, en las publicaciones de Instagram se utiliza la revelación de diferentes aspectos de la vida privada de los creadores de contenido como catalizador que les permite hacer llegar sus mensajes de autopromoción y de promoción de un producto. Por ello, es muy importante proyectar una imagen positiva que les otorgue credibilidad antes los seguidores, ya que son los potenciales consumidores de los productos que se publicitan.

Referencias bibliográficas

Acuña Ferreira, Virginia (2009): *Género y discurso. Las mujeres y los hombres en la interacción conversacional.* Munich: Lincom.

Adam, Jean-Michel y Bonhomme, Marc (2000): *La argumentación publicitaria. Retórica del elogio y de la persuasión.* Madrid: Cátedra.

Alcaide Lara, Esperanza R. (2009): «Lo importante es vender: lenguaje agresivo y publicidad». En *Manifestaciones Textuales de la (Des)Cortesía y Agresividad Verbal en Diversos Ámbitos Comunicativos.* Servicio de Publicaciones Universidad Internacional Andalucía, 161-187.

Alcaide Lara, Esperanza R. (2012): «El "yo" de los políticos: ¿cuestión de género?». *Discurso y Sociedad*, 6 (1): 5-20.

Alcaide Lara, Esperanza R. (2019): «Imagen social y contextos socioculturales en el discurso publicitario institucional español con fines sociales». *SOPRAG*, 7 (3): 297-334.

Alcaide, Esperanza R., Carranza, Aurelia y Fuentes, Catalina (2016): «Emotional Argumentation in Political Discourse». En Catalina Fuentes y Gloria Álvarez (coords.), *A Gender-based Approach to Parliamentary Discourse: The Andalusian Parliament.* Amsterdam/Philadelphia: John Benjamins, 129-159.

Anscombre, Jean-Claude y Oswald Ducrot (1994): *La Argumentación en la Lengua.* Madrid: Gredos.

Bravo, Diana (1999): «¿Imagen "positiva" vs. Imagen "negativa"?: Pragmática socio-cultural y componentes de *face*». *Oralia. Análisis del discurso oral*, 2: 155-184.

Bravo, Diana (2001): «Sobre la cortesía lingüística, estratégica y conversacional en español». *Oralia: Análisis del discurso oral*, 299-314.

Bravo, Diana (2004): «Tensión entre universalidad y relatividad en las teorías de la cortesía». En Diana Bravo y Antonio Briz (eds.), *Pragmática sociocultural: estudios sobre el discurso de cortesía en español.* Barcelona: Ariel, 15-37.

Bravo, Diana (2005): «Categorías, tipologías y aplicaciones: hacia una redefinición de la cortesía comunicativa». En Diana Bravo (ed.), *Estudios de la (des)cortesía en español. Categorías conceptuales y aplicaciones a corpora orales y escritos.* Buenos Aires: Dunken, 21-52.

Brenes Peña, Ester (2012): «Género, discurso político y descortesía verbal. Análisis de la influencia de la variante sexo en el Parlamento Andaluz». *Philologia Hispalensis* 26 (1-2): 59-77.

Briz Gómez, Antonio (1998): *El español coloquial en la conversación: esbozo de pragmagramática.* Barcelona: Ariel.

Briz Gómez, Antonio (2014): «Hablar electrónicamente por escrito». *CHIMERA. Romance Corpora and Linguistic Studies*, 1: 77-89.

Brown, Penelope (1993): «Gender, Politeness, and Confrontation in Tenejapa». En Deborah Tannen (ed.), *Gender and conversational interaction* 13, Oxford University Press.

Brown, Penelope y Levinson, Stephen (1987): *Politeness. Some Universals in Language Use.* Cambridge: Cambridge University Press.

Caldevilla Domínguez, David (2010): «Las Redes Sociales. Tipología, uso y consumo de las redes 2.0 en la sociedad digital actual». *CLAC*, 33: 45-68.

Canel Crespo, María José (1999): *Comunicación política. Técnicas y estrategias para la sociedad de la información.* Madrid: Tecnos.

Castelló Martínez, Araceli (2016): «El marketing de influencia. Un caso práctico». En Ingrid Zacipa Infante, Victoria Tur Viñes y Jesús Segarra Saavedra (coords.), *Tendencias publicitarias en Iberoamérica Diálogo de saberes y experiencias*. Revista Mediterránea de Comunicación. Colección Mundo Digital, 49-65.

Cestero Mancera, Ana María (2007): «Cooperación en la conversación: estrategias estructurales características de las mujeres». *Linred*, 5: 1-17.

Coates, Jennifer (2003): *Men talk*. Oxford: Blackwell Publishing.

Coates, Jennifer (2013): *Women, Man and Language*. New York: Routledge.

Dawley, Sarah y Adame, Amanda (2019): *Instagram para negocios – la guía completa para expertos en marketing*. Hootsuite.

Fernández Pérez, Milagros (2007): «Discurso y sexo. Comunicación, seducción y persuasión en el discurso de las mujeres». *Revista de investigación Lingüística*, 10: 55-81.

Ferraz Martínez, Antonio (1993): *El lenguaje de la publicidad*. Madrid: Arco Libros.

Filimonov, Kirill; Russman, Uta y Svensson, Jakob (2016): «Picturing the Party: Instagram and Party Campaigning in the 2014 Swedish Elections». *Social media + society*, July-Sept. 1-11.

Fuentes Rodríguez, Catalina (2015): «La intensificación como estrategia de refuerzo argumentativo en el discurso de parlamentarios y parlamentarias». En Diana Bravo y María Bernal (eds.), *Perspectivas sociopragmáticas y socioculturales del análisis del discurso*. Ciudad Autónoma de Buenos Aires: Dunken, 183-226.

Fuentes Rodríguez, Catalina (2017 [2000]) *Lingüística pragmática y análisis del discurso*. Madrid: Arco Libros.

Fuentes Rodríguez, Catalina (2018 [2009]) *Diccionario de conectores y operadores del español*. Madrid: Arco Libros.

Fuentes Rodríguez, Catalina (2020): «Contextos discursivos de la argumentación emotiva». En Cristian Santibáñez (coord.), *Emociones, argumentación y argumentos*. Lima: Palestra.

Fuentes Rodríguez, Catalina y Alcaide Lara, Esperanza R. (2002): *Mecanismos lingüísticos de la persuasión*. Madrid: Arco Libros.

González Ramírez, Yulfren Jhonattan (2020): «Argumentation in Social Networks, a Brief Look at the Influence of Comments and Replicas in the Digital Context». *Sociología y tecnociencia*, 10 (2): 12-25.

Goffman, Erving (1967): *Interaction Ritual. Essays on Face-to-Face Behaviour*. New York: Dobleday.

Gutiérrez Ordóñez, Salvador (1997): *Temas, remas, focos, tópicos y comentarios*. Madrid: Arco Libros.

Koch, Peter y Oesterreicher, Wulf (1990 [2007]) *Lengua hablada en la Romania: español, francés, italiano*. Madrid: Gredos. Traducción de Araceli López Serena.

Lakoff, Robin (1973): «Language and Woman's Place». *Language in Society*, 2 (1): 45-79.

Lakoff, Robin (1975): *Language and Woman's Place*. New York: Harper and Row Publishers.

Lo Cascio, Vincenzo (1998): *Gramática de la argumentación. Estrategias y estructuras*. Madrid: Alianza.

López Eire, Antonio (1998): *La retórica de la publicidad*. Madrid: Arco Libros.

Mancera, Ana y Pano, Ana (2013a) *El discurso político en Twitter*. Barcelona: Anthropos.

Mancera, Ana y Pano, Ana (2013b) *El español coloquial en las redes sociales*. Madrid: Arco Libros.

Mancera, Ana y Pano, Ana (2015): «Valores sintáctico-discursivos de las etiquetas en Twitter». *CLAC*, 64: 58-83.

Moreno Díaz, Julio (2021): «Estrategia programática en Instagram de los candidatos en las elecciones autonómicas de la Comunidad de Madrid». *Index.comunicación*, 12 (1): 47-75.

Padilla Herrada, María Soledad (2015): «La argumentación política en Twitter». *Discurso y Sociedad*, 9 (4): 419-444.

Padilla Herrada, María Soledad (2017): «Formas de expresión de la modalidad confirmativa en WhatsApp». *Pragmalingüística*, 25: 439-466.

Padilla Herrada, María Soledad (2021): «La publicidad encubierta en el discurso de las *influencers*». En Catalina Fuentes Rodríguez: *Argumentación y discursos*. Madrid: Arco Libros.

Pérez Béjar, Víctor (2014): «Identidad individual y grupal en Twitter». *Discurso y Sociedad*, 8 (3): 482-506.

Pérez Curiel, Concha y Sanz Marcos, Paloma (2019): «Estrategia de marca, influencers y nuevos públicos en la comunicación de moda y lujo. Tendencia Gucci en Instagram». *Revista Prisma Social*, 24: 1-24.

Real Academia Española (2014): *Diccionario de la Lengua Española (DLE)* [en línea].

Ruiz Gurillo, Leonor y Alvarado Ortega, María Belén (2013): «The Pragmatics of Irony and Humor». En Leonor Ruiz Gurillo y María Belén Alvarado Ortega (eds.), *Irony and Humor. From pragmatics to discourse*. Amsterdam / Philadelphia: John Bennjamins Publishing Company, 1-8.

Yus Ramos, Francisco (2010): *Ciberpragmática 2.0*. Barcelona: Ariel.

Capítulo 2
La *captatio benevolentiae* en el discurso de los *youtubers**

Irene Martín del Barrio
Universidad de Sevilla

1. Introducción

En el presente capítulo nos aproximamos al estudio de la argumentación explorando un concepto de la retórica clásica: la *captatio benevolentiae*. Reflexionamos aquí sobre el posible encaje de esta noción en los marcos teóricos actuales, para lo cual la cotejamos con un discurso actual: el de la red social YouTube.

Con este objetivo, partimos de un recorrido histórico a través del nacimiento y evolución de los acercamientos teóricos al fenómeno argumentativo, hasta llegar al momento presente. Sumamos a este panorama las teorías de (des)cortesía e imagen social, que completan las primeras. Por último, el trabajo sigue el marco de la lingüística pragmática (Fuentes Rodríguez 2017 [2000]), que nos permite abordar fenómenos pragmáticos sin alejarnos de un análisis propiamente lingüístico. En lo que respecta al material de trabajo, nos apoyamos sobre un corpus compuesto por 15 vídeos agrupables en tres temáticas: recetas de cocina, divulgación científica y humor.

---

* Este trabajo se inscribe dentro del proyecto P18-FR-2619 «Macrosintaxis del discurso persuasivo: construcciones y operadores», financiado por la Junta de Andalucía y fondos FEDER (IP: Catalina Fuentes Rodríguez y María Ester Brenes Peña), así como del proyecto concedido por el Ministerio de Ciencia e Innovación y la Agencia Estatal de Investigación «Las relaciones en la construcción del discurso: un enfoque multidimensional» (ReDisC PID2021-122115NB-I00; IP: Catalina Fuentes Rodríguez).

2. Estudios sobre argumentación

2.1. Origen e historia

El interés por describir los mecanismos de la argumentación no es en absoluto reciente. Su origen se suele situar en la retórica clásica y, en concreto, en la figura de Aristóteles (384-322 a. C.). No obstante, autores como Plantin (2001 [1998]: 7-11) consideran que las críticas efectuadas por Platón (427-347 a. C.) han repercutido en el olvido de algunas aportaciones realizadas previamente por los sofistas. Estos estudiosos entendían la interacción argumentativa como una dialéctica, es decir, un diálogo razonado y regulado por reglas entre un proponente y un oponente. Desde la perspectiva del platonismo y el aristotelismo, sus propósitos se alejaban de la búsqueda de la verdad, lo que llevó a la desestimación de sus contribuciones.

Dentro del contexto clásico, se distinguen tres vías en el estudio de la argumentación, cada una de las cuales presenta una perspectiva y unos objetivos diferentes: la lógica, la dialéctica y la retórica. La diferencia entre ellas es explicada por Vega (2011: 59-61). En primer lugar, la *lógica* sitúa el foco de atención en el *producto*. La argumentación constituye un razonamiento formalizado que debe sustentarse en premisas verdaderas y cuya validez se mide por su correspondencia con la realidad de las cosas. En segundo lugar, la *dialéctica* entiende la argumentación como un *procedimiento*, un debate normativizado entre dos personas en torno a una cuestión y que se evalúa en función del correcto desempeño de los roles por los participantes. Por último, la *retórica* hace énfasis en el *proceso* de argumentar. Con origen vinculado al aparato legislativo, concibe la argumentación como un discurso que se representa ante un público o un juez. Su objetivo es la persuasión del destinatario, por lo que el éxito de la argumentación se mide por su capacidad para modificar sus creencias o su comportamiento.

Tras esta época clásica, el estudio de la argumentación tuvo un segundo punto álgido en las escuelas medievales de los siglos XII-XIV, con los *magisteri* escolásticos, y siguió manteniendo relevancia entre los siglos XV y XVII (Plantin 2001 [1998]: 13-14; Vega 2011: 56). Desde su origen, la argumentación no solamente había estado vinculada a la retórica, sino que también existía una argumentación científica dentro del marco de la lógica. No obstante, con el surgimiento de las ciencias experimentales en el siglo XIX, la lógica fue sustituida por las matemáticas como método de aproximación al conocimiento científico. En consecuencia, la argumentación adquirió autonomía. Sin embargo, no es hasta la segunda mitad del siglo XX cuando comienzan a proliferar con renovado interés las aproximaciones al estudio de la argumentación. Algunas obras fundacionales son las de Toulmin (1958) y Perelman y Olbrechts-Tyteca (1989 [1958]).

Vega (2011: 56-59) distingue en la actualidad dos grandes corrientes en los estudios sobre argumentación. La primera, catalogada como «discursiva» por este autor, se apoya sobre aportaciones como la teoría de los actos de habla desarrollada por Austin (1962) y Searle (1969), o los apuntes de Grice (1975) sobre el principio de cooperación y las máximas conversacionales. Desde este marco, se analizan los argumentos como actos ilocutivos producidos con unas condiciones preparatorias dadas. La principal contribución dentro de esta línea procede de Van Eemeren y Grootendorst (2009 [1992]), quienes, de forma similar a la dialéctica, entienden la argumentación como un diálogo sujeto a normas (Plantin 2001 [1998]: 20-21). Por otro lado, la segunda línea es la catalogada como «lingüística». Se corresponde con la corriente francesa y tiene como principal exponente la Teoría de la Argumentación en la lengua de Anscombre y Ducrot (1994 [1988]).

Plantin (2001 [1998]: 20-21), por su parte, distingue un mayor número de tendencias. A la corriente integrada en la lengua de Anscombre y Ducrot y la pragmadialéctica de Van Eemeren y Grootendorst, añade las vinculadas al análisis de la conversación, la pragmática sociológica (centrada en desarrollar una ética de la argumentación) y la lógica pragmática (que trata de hallar una lógica en la lengua natural).

Este auge contemporáneo en el estudio del fenómeno argumentativo ha abierto múltiples caminos para la investigación. Vega (2011) señala, entre los desafíos actuales para la teoría de la argumentación:

> los nuevos retos ligados a la aparición y desarrollo de nuevos géneros de discurso, como el electrónico, una suerte de discurso híbrido crecido a partir del discurso oral y del escrito, pero con personalidad propia cada vez más acusada: desde las ideas y los métodos tradicionales de análisis y de evaluación argumentativa ¿qué cabe esperar de, y cómo se puede responder a, las peculiaridades de este nuevo género de discurso? (66).

El presente capítulo pretende abordar esta línea de trabajo, mediante una reflexión sobre el rendimiento de diferentes nociones teóricas sobre argumentación dentro del discurso digital concreto de YouTube.

2.2. El estatus de la argumentación

Como consecuencia de la multiplicidad de agentes y perspectivas que han tratado de describir la argumentación, este concepto ha ido adquiriendo distintos matices. En relación con esto, revisamos algunas aclaraciones realizadas por distintos autores que nos permiten delimitar el estatus de nuestro objeto de estudio.

Plantin (2001 [1998]: 29-32) señala una serie de oposiciones de las que participa este fenómeno, algunas de las cuales se pueden poner en relación con los enfoques mencionados hasta el momento. En primer lugar, lo argumentativo puede atribuirse al nivel de la lengua, lo que coincidiría con la aproximación de Anscombre y Ducrot, o puede entenderse como un fenómeno discursivo, en línea con las otras corrientes.

En segundo lugar, la argumentación ha sido concebida en ciertas ocasiones como un discurso monologal (como es el caso de la retórica) y en otras como un diálogo (tal es la perspectiva de la dialéctica). En línea con la primera visión, es frecuente identificar argumentación con texto argumentativo y estudiarla como un tipo de secuencia textual (frente a otras como la narrativa y la expositiva) de carácter escrito y que persigue la defensa de una tesis a partir de un cuerpo de argumentos. Así es presentada en manuales como el de Álvarez (2000 [1994]).

Por último, existen desavenencias acerca de la consideración de los fenómenos argumentativos como sujetos a la norma de la verdad (por ejemplo, la lógica, la dialéctica y la pragmadialéctica) o a la norma de la eficacia (como en la retórica). En relación con el concepto de verdad, cabe mencionar la confusión de la argumentación con dos fenómenos semejantes, pero no idénticos, mencionada por Fuentes Rodríguez y Alcaide Lara (2020 [2002], 2020 [2007]): los de demostración y causalidad. Por un lado, la demostración es una propiedad de la lógica, se expresa mediante un lenguaje formal y cuenta con argumentos limitados y medidos en términos de verdad o falsedad. Mientras que la argumentación pertenece a las lenguas naturales, no es objetiva ni definitiva y en ella intervienen entrañamientos y presuposiciones (Fuentes Rodríguez y Alcaide Lara 2020 [2002]: 15-17; Calsamiglia y Tusón 2000 [1999]: 285). Por otro lado, la noción de causalidad pertenece al plano lingüístico: es una relación semántica (causa-efecto) que se establece entre partes de una oración. La argumentación, en cambio, pertenece al nivel del discurso y se manifiesta como una relación entre argumentos y conclusión establecida en un contexto comunicativo concreto (Fuentes Rodríguez y Alcaide Lara 2020 [2002]: 29-30).

De cara a este capítulo, seguimos la propuesta teórica de Fuentes Rodríguez y Alcaide Lara (2020 [2002], 2020 [2007]). Estas autoras sitúan el fenómeno de la argumentación dentro del marco de la lingüística pragmática (Fuentes Rodríguez 2017 [2000]). Dicho modelo distingue tres niveles en el discurso: superestructural (organización superior consecuencia del tipo de texto elegido para una situación comunicativa), macroestructural (estructuración del discurso como un todo coherente y que obedece a un propósito del hablante) y microestructural (compuesto por el material lingüístico seleccionado) (Fuentes Rodríguez 2017 [2000]: 50-56).

En este esquema, la argumentación se entiende como uno de los planos a través de los cuales la situación influye en el texto. Es tomada por Fuentes Rodríguez y Alcaide Lara (2020 [2002]: 19-29) como una dimensión que puede afectar a cualquier tipo de discurso, tanto dialogal como monologal. Pertenece a la macroestructura, pues consiste en una organización del material lingüístico que el emisor realiza para lograr la adhesión del receptor (Fuentes Rodríguez 2017 [2000]: 50-56). Se encuentra, por tanto, en el nivel del enunciado, del mensaje en interacción con el contexto y los participantes (31).

La concepción de Fuentes Rodríguez y Alcaide Lara 2020 [2002]: 21-22) puede ser vinculada a la corriente «lingüística» de Vega (2011: 56-59), pues toma varias de las aportaciones de Anscombre y Ducrot (1994 [1988]). Estas autoras reformulan el concepto de la argumentación en la lengua como argumentación en el lenguaje, pues consideran que las observaciones de estos autores apuntarían a entender lo argumentativo como un fenómeno connatural a la comunicación, y no al código en sí. Sin embargo, consideran que argumentación no es solo la búsqueda de cooperación propia de la interacción con otros, sino también la voluntad de influir en su opinión. Por ende, solo en los casos en los que este propósito se marca en la lengua habrá para estas autoras argumentación.

La propuesta de Fuentes Rodríguez y Alcaide Lara integra una clasificación de elementos que intervienen en la estructura argumentativa, muchos ya identificados por otros autores: *argumentos, conclusión, topos, calificadores, reserva, marco argumentativo* y *base argumentativa*. De forma complementaria, incorpora algunas reflexiones sobre la participación de otros factores en el producto final (por ejemplo, la polifonía, el léxico, la estructuración informativa o los marcadores del discurso). También toma algunas nociones clásicas, como el listado de falacias argumentativas expuesto por Lo Cascio (1998: 292-296). De cara a este capítulo, nos proponemos observar el encaje que podría tener otro concepto clásico dentro de este modelo: la *captatio benevolentiae*. No obstante, antes de abordar esta figura, completamos el marco teórico con la explicación de las nociones de (des)cortesía y la imagen social, que nos servirán para el posterior análisis.

3. Estudios de (des)cortesía e imagen social

El concepto de *imagen social* surgió en el contexto de la sociología (Goffman 1959, 1967) y alude a la representación que el hablante realiza de sí mismo durante la comunicación. Esta idea se integró en la lingüística con la teoría de la cortesía de Brown y Levinson (1987). De acuerdo con estos autores, la imagen social está compuesta por dos facetas: *negativa* (deseo de mantener intacta su libertad por parte del individuo) y *positiva* (búsqueda del reconocimiento de los demás). Partiendo de esta idea, Brown y Levinson señalaron que algunos actos de habla pueden suponer una amenaza para la imagen social del individuo. La cortesía sería la operación que el hablante realiza sobre la imagen del interlocutor para prevenir o compensar esa amenaza. En función de la faceta a la que se dirijan, las actuaciones corteses pueden ser positivas o negativas.

Hasta la fecha de hoy, las aportaciones a esta teoría han sido diversas. Los conceptos de *imagen positiva* e *imagen negativa* fueron rediseñados por Bravo (1999, 2004) como *autonomía* y *afiliación,* tras haber recibido la propuesta de Brown y Levinson la crítica de estar incurriendo en un sesgo cultural. Así, el concepto de autonomía supone la redefinición de la imagen negativa como el deseo del individuo de distinguirse del grupo, mientras que la afiliación sustituye el concepto de imagen positiva por la búsqueda del individuo de ser integrado dentro de él.

Además del reajuste de la noción de imagen social, la teoría de la cortesía ha sido ampliada posteriormente para incluir otras realidades como la *descortesía* (Culpeper 1996). En este sentido, destacamos la clasificación de Hernández Flores (2013). Esta autora engloba, dentro del término *actividad de imagen*, la *cortesía*, la *descortesía* y la *autoimagen*. Estas actividades se definen en función de la *direccionalidad* y *modalidad* del *efecto social* producido. Así, la cortesía y la descortesía tienen como destinataria la imagen social del interlocutor, pero difieren en que la primera suele perseguir un efecto *favorable* (*atenuar* la amenaza a la imagen o *reparar* el daño causado) y la segunda, un efecto *desfavorable* (*dañar* la imagen). Por su parte, la *autoimagen* es una operación dirigida a la imagen del propio hablante y suele perseguir un efecto favorable (a través de su *fortalecimiento, realce, protección* o *reparación*). Con respecto a esta propuesta, Hernández Flores realiza dos aclaraciones. La primera, que, aunque una actividad de imagen suela asociarse a un efecto determinado, no existe una correlación unívoca entre ambos. El segundo apunte es que, debido a la existencia de un *continuo social*, las imágenes de los participantes que no son destinatarios directos de una actividad pueden verse indirectamente afectadas en el proceso.

El lazo entre los estudios de argumentación y las teorías de (des)cortesía e imagen social es abordado por autores como Fuentes Rodríguez (2011, 2013) o Alcaide Lara (2014). Esta última explica que, si bien algunos investigadores (como Fuentes Rodríguez 2008, citado en Alcaide Lara 2014) han identificado en las actividades de (des)cortesía una capacidad para ser empleadas de forma estratégica (es decir, al servicio de una argumentación), esta relación se debe entender más bien como bidireccional. Tomamos, por tanto, la idea de que las actividades de imagen tienen la capacidad de servir para propósitos argumentativos, pero también la argumentación puede conllevar determinados efectos sobre la imagen social de un individuo.

Finalmente, en cuanto a las posibilidades estratégicas de las actividades de imagen, Fuentes Rodríguez (2011, 2013) identifica tres funciones de la cortesía: *argumentativa* (obtener algo del otro), *cohesiva* (estrechar el vínculo) y *social* (proyectar una imagen). Por su parte, la descortesía puede desempeñar idénticas funciones, además de la *modal* (expresar o provocar emociones) y la *lúdica* (divertir o entretener).

4. La *captatio benevolentiae* y su encaje en las teorías actuales

4.1. La *captatio benevolentiae* en la retórica clásica

Para comprender la figura que nos ocupa, es necesario acudir a su origen dentro de la retórica clásica. Como se ha explicado, esta rama entendía la argumentación como un *proceso* mediante el cual se diseña, desarrolla y expone un texto monologal con una finalidad persuasiva. De acuerdo con Lausberg (1975: 22-23), la Retórica escolar se ha especializado en el discurso de la parte, esto es, en la elaboración de textos que son presentados ante una autoridad con la finalidad de influir en su comportamiento a través de la persuasión. Entre ellos, ha situado su atención en el *género judicial* (discurso de un abogado ante un juez y tribunal), el cual se consideraba más propicio para estudiar y enseñar la producción del discurso (Bernabé 2005: 12).

Así, se ha articulado una teoría de la elaboración de la materia discursiva en la que se distinguen cinco fases (Lausberg 1975: 32-35; 1966: 227): *inventio* (búsqueda de ideas dentro del subconsciente), *dispositio* (ordenación de estas ideas en el discurso), *elocutio* (expresión lingüística de los pensamientos hallados en la *inventio*), *memoria* (memorización del texto) y *pronuntiatio* (momento de la emisión).

De las cuatro fases de producción del discurso, nos interesa la *dispositio*, pues en ella se estructura su contenido. En este momento, el orador debe organizar las ideas en un esquema compuesto por cuatro partes (Lausberg 1966: 237): *principia* o *exordium* (apertura), *narratio* (desarrollo de los hechos), *argumentatio* (o presentación de pruebas que se puede dividir en *probatio* y *refutatio*) y la *conclusio* o *peroratio* (cierre persuasivo). Entre ellas, la captación de la benevolencia tiene su lugar en el *exordium*.

En esta parte, prima el objetivo de ganarse la simpatía del juez y del público (Lausberg 1966: 240-241). La inclinación favorable de la autoridad depende del grado de credibilidad. Por ello, se distinguen dos tipos de *exordium*: el *proemium* (o realización normal) y la *insinuatio* (*exordium* especial para casos en los que la defendibilidad de la causa es muy baja). El *proemium* está compuesto por tres fórmulas que se suelen presentar conjuntamente: *iudicem attentum parare*, *iudicem docilem parare* e *iudicem benevolum parare*. Se trata de figuras que tienen como objetivo preparar la mente del destinatario para que escuche el discurso desde una disposición atenta, dócil y benévola.

El *iudicem attentum parare* (Lausberg 1966: 243-246) busca atraer la atención de un público cansado. Algunos medios son: pedir que se escuche, prometer ser breves, presentar el tema como de interés (afirmando que atañe a asuntos públicos, a la audiencia o a la religión) o despertar las emociones del público mediante tropos. El *iudicem docilem parare* (Lausberg 1966: 248) tiene como objeto salvar la distancia entre la complejidad del asunto y la inteligencia del público. Una vía es la explicación breve o la enumeración concisa de los temas tratados. Por último, el *iudicem benevolum parare* (Lausberg 1966: 249-254), que podemos ligar con la *captatio benevolentiae* en sentido estricto, está diseñado para casos en los que es difícil emitir el fallo y la indulgencia del juez resulta decisiva. Esta figura se manifiesta en cuatro direcciones: *ab nostra persona*, *ab adversariorum persona*, *ab auditorum persona* y *a causa*.

En *ab nostra persona*, el orador se alaba de forma humilde a sí mismo o a su cliente, y los presenta como merecedores de simpatía (Lausberg 1966: 249-251). El orador se presenta como un profesional virtuoso que defiende la causa por motivos morales, guiado por la búsqueda de la verdad y el bien. Algunas buenas cualidades son la discreción, la integridad y la buena voluntad (Aristóteles 2005: 139). Lausberg explica que, en literatura, esta figura se traduce en motivos como «hay que evitar la pereza», «el que está en posesión de la ciencia tiene la obligación de comunicarla» o «hago poesía en obediencia a una autoridad que así me lo ordena», además de la operación de disculparse por la rusticidad del estilo. En lo que respecta al cliente, el orador debe presentarlo como honrado y perseguido injustamente, resaltando rasgos de su debilidad.

En segundo lugar, el *ab adversariorum persona* (Lausberg 1966: 252) se manifiesta a través del vituperio de la parte contraria, con la finalidad de quitarle la simpatía por parte del público. Para ello, se puede indicar que sus acciones están movidas por el orgullo, la crueldad o la malicia, así como resaltar su poder, riquezas y rasgos como la indiferencia o la pereza. En tercer lugar, el *ab auditorum persona* (253) se logra mediante el elogio del público y, en particular, de su capacidad para juzgar. Este elogio se efectúa como una expresión de admiración hacia ellos, su autoridad, su dignidad, su justicia o su misericordia. Por último, el *a causa* (254) se realiza mediante el elogio del punto de vista defendido y el vituperio del punto de vista contrario.

El conjunto de estrategias destinadas a captar la benevolencia del receptor ha sido vinculado con una de las dos vías previstas para la realización de la *persuasio*, consistente en el recurso a medios afectivos (frente al camino intelectual o *docere*) (Lausberg 1975: 50). El empleo del afecto con finalidad persuasiva puede desarrollarse en dos grados: débil, o *ethos*, y fuerte, o *pathos*. El *iudicem benevolum parare* es incorporado dentro del *ethos*, aunque estos afectos pueden también aparecer a lo largo del discurso como *ornatus*. Por su parte, el *pathos* se reserva para el final del discurso o *peroratio*, como último recurso para lograr un fallo favorable.

4.2. Relación con las teorías actuales de argumentación y (des)cortesía

Tras exponer la perspectiva de la retórica clásica, comprobamos que su visión del fenómeno de la argumentación es más restringida que la que hemos planteado en § 2.2, ya que su principal interés ha sido perfilar las fases de creación de un tipo de texto monologal y persuasivo concreto: el judicial. Sin embargo, si contemplamos estas figuras desde la óptica de nuestro marco teórico, comprobamos que la terminología clásica esconde un conjunto de estrategias argumentativas diversas, organizadas en función del efecto persuasivo perseguido, y que no necesariamente deben tener como contexto el inicio del discurso. Por tanto, de cara a nuestro análisis, partimos de una redefinición de estas tres figuras de la retórica como macroestrategias, cada una de las cuales contiene, a su vez, un conjunto de estrategias, que presentamos en este apartado.

En primer lugar, el *iudicem attentum parare* comprendería todos aquellos recursos lingüísticos que tienen como finalidad apelar al interlocutor o hacerlo partícipe del discurso. En segundo lugar, el *iudicem docilem parare* se puede reinterpretar como un conjunto de estrategias de acercamiento del contenido del discurso al lector. Por último, en lo que respecta al *iudicem benevolum parare*, reconocemos en la formulación clásica una descripción de diferentes actividades de imagen (Hernández Flores 2013), cada una de las cuales se encuentra supeditada a una finalidad persuasiva concreta (Fuentes Rodríguez 2011, 2013; Alcaide Lara 2014). Se trata, por tanto, de estrategias generales, si bien los medios específicos por los que se articula este trabajo de imagen dependerán de los contenidos culturales de la época, así como de la situación comunicativa específica y los objetivos que plantea.

Así, dentro del *iudicem benevolum parare,* las estrategias desarrolladas en *ab nostra persona* que tienen como destinatario la figura del hablante se pueden redefinir como *actividades de autoimagen*, que, en ocasiones, se acompañan de *argumentaciones a favor de la propia intervención*. En *ab adversariorum persona*, encontramos *estrategias de descortesía dirigidas a la imagen del oponente*. Por su parte, *ab auditorum persona* consistiría en *actividades corteses con el destinatario*. Por último, *a causa* no tendría como receptor la imagen de una persona en concreto, sino del conjunto del caso. Esto se logra mediante una serie de *argumentaciones a favor de la causa propia o en contra de la del adversario*.

En todas estas figuras encontramos actividades de imagen supeditadas a una finalidad persuasiva. En términos de falacias argumentativas (Lo Cascio 1998: 291-296), la búsqueda de compasión se asemeja a una argumentación *ad misericordiam* y el ataque estratégico a la imagen del oponente, a la falacia *ad personam*. Se trataría de estrategias argumentativas no objetivas en las que la persuasión se logra despertando diferentes emociones en el destinatario. Consideramos que es por este motivo que se ha vinculado el *iudicem benevolum parare* con el *ethos*.

Teniendo esta comparación entre marcos teóricos en cuenta, en los siguientes apartados exponemos cómo se articulan las tres macroestrategias presentadas dentro del discurso de los *youtubers*. En este capítulo, nos interesa tratar, además del *iudicem benevolum parare*, el *iudicem attentum parare* y el *iudicem docilem parare*, pues los tres son concebidos de forma conjunta y reflejan estrategias de gran rentabilidad en nuestro corpus.

5. Metodología

El análisis que presentamos aquí se apoya sobre un corpus de discurso de YouTube y, en concreto, está compuesto por vídeos de *youtubers* españoles. Para obtener la muestra, en primer lugar, seleccionamos canales de tres temáticas (recetas de cocina, divulgación científica y humor) con el fin de obtener distintos tipos discursivos. En segundo lugar, buscamos cierta cohesión temporal, de modo que recogimos vídeos publicados entre 2018 y 2020. En tercer lugar, como criterio para asegurar la relevancia del material, buscamos canales con un número próximo o superior a los 500 000 suscriptores. Por último, en cuanto a la cantidad de material, se ha tomado un número mayor de vídeos de recetas, debido a su menor duración (menos de 10 minutos), frente a otras temáticas más extensas, como la divulgación científica (de en torno a 30 minutos).

Los vídeos seleccionados han sido transcritos por completo siguiendo la metodología Val.Es.Co., a la cual añadimos un símbolo propio, (-c-), para indicar los cortes de edición realizados por el *youtuber* sobre el material inicial. Asimismo, introducimos algunas anotaciones sobre el uso de filtros de imagen y sonido. De este modo, obtenemos un corpus que refleje todos los elementos que intervienen en la formación del producto discursivo final. En la tabla 1 recogemos el listado de vídeos analizados[1].

---

1. En esta tabla, el dato correspondiente al número de visualizaciones fue recogido con fecha 24/02/2023.

Tabla 1. Listado de vídeos analizados

Temática	Canal	Título del vídeo	Visualizaciones
Recetas de cocina	Anna recetasfaciles	2020-02-06_ Cómo hacer masa casera para empanadillas. Receta fácil, rápida y con TRUCOS_Anna recetasfaciles	4 879 011
		2020-02-09_ Tarta de queso de 3 ingredientes. ¡Esponjosa como una nube!_ Anna recetasfaciles	3 846 967
	Cocina con Carmen	2019-08-25_ Tarta de Manzana Fácil y Rápida sin Horno | Hecha en la Sartén!_ Cocina con Carmen	704 724
		2020-03-01_ Tortillitas de Bacalao Andaluzas muy Fáciles de hacer y Deliciosas_Cocina con Carmen	517 708
	Cocina Para Todos	2019-09-07_ BROWNIE de Chocolate listo en 3 MINUTOS en el Microondas!_Cocina Para Todos	1 602 322
	La cocina de Masito	2020-06-14_ 🍝Estoy seguro que jamas viste hacer así los espaguetis! 😍😍_La cocina de Masito	2 812 385
		2020-08-02_Esta tortilla de patata es mas sana que la frita y esta de escándalo ¡DESCUBRE EL POR QUÉ!_La cocina de Masito	1 704 563
	Pilopi RECETAS de COCINA	2020-03-18_ Estos ROLLITOS DE HUEVO te salvarán la vida_Pilopi RECETAS de COCINA	409 577
Divulgación científica	Ter	2018-07-06_Manifiesto en Defensa del Millennial | TER_Ter	1 002 596
	Jaime Altozano	2019-03-29_4 Acordes que NO te podrás quitar de la cabeza_Jaime Altozano	1 396 068
	Antonio García Villarán	2019-05-13_CRÍTICA AL RETRATO DEL REY PARA EL CONGRESO DE LOS DIPUTADOS_ Antonio García Villarán	536 026
Humor	Abi Power	2018-10-16_MIS AMIGOS HAN EMPEZADO A CASARSE_Abi Power	99 421
		2018-09-18_CREÍA QUE ERA UN INFARTO ABIPOWER IMPROBLOG_Abi Power	80 241
	elrubiusOMG	2019-05-09_NO TE RAYES JERRY CHALLENGE_elrubiusOMG	14 361 812
		2019-02-13_ME ESTOY HACIENDO VIEJO_elrubiusOMG	7 538 650

6. Análisis de las figuras clásicas en el discurso de los *youtubers*

6.1. *Iudicem attentum parare*

Como hemos expuesto arriba, el *iudicem attentum parare* fue planteado como una figura del *exordio*, pero nosotros la entendemos como una macroestrategia que engloba una serie de estrategias destinadas a captar la atención del público. De acuerdo con Lausberg (1966, 1975), las técnicas propuestas por estos estudiosos son: pedir ser escuchado, prometer ser breves, presentar el asunto como de interés o apelar a las emociones. Cuando la cotejamos con los vídeos de YouTube, comprobamos que el destinatario se encuentra presente de forma constante a lo largo de los discursos y hallamos numerosas estrategias destinadas a atraer y sostener su atención. Ninguna de ellas es exclusiva del momento inicial, frente a lo que establecieron los retóricos, sino que se recurre a ellas en cualquier parte del vídeo. Se articulan, además, de formas más variadas y menos explícitas de lo estipulado por estos pensadores.

En relación con la primera estrategia, encontramos algunos ejemplos de momentos en los que el *youtuber* demanda directamente que se le preste atención:

> (1) Si queréis ver cómo preparo ESTA maravilla, no os perdáis el video, porque empezamos/ AL LÍOOO (2020-06-14_⭐Estoy seguro que jamas viste hacer así los espaguetis! 😍😍_La cocina de Masito).

Sin embargo, con mayor frecuencia se exhorta al receptor para que sitúe su atención sobre lo dicho en ciertos momentos (2) o bien se recurre a unidades fijas que desempeñan esta función apelativa a lo largo del discurso, como los conectores ordenadores del discurso interactivo (3) (Fuentes Rodríguez 2018 [2009]: 15):

> (2) Hola↑/ soy Antonio García Villarán↑/ y en ehta tapa te voy a hablar↑/ del nuevo retrato↑/ de nuehtro querido Rey↑// Felipe sexto↑ (Zoom) (Sonido de trompeta)/ (-c-) Mira↓/ verah/ te lo voy a enseñar↓ (*Pone un dedo sobre la libreta, como si fuera un control remoto, y aparece una caricatura del cuadro del Rey Felipe sexto tumbado en el sofá en camiseta de tirantes y calzoncillos*) (2019-05-13_CRÍTICA AL RETRATO DEL REY PARA EL CONGRESO DE LOS DIPUTADOS_Antonio García Villarán).
>
> (3) Y vamoh yendo pa' la playa↑/ (-c-) (*Imita el sonido de la moto*) Mooooo/ Cucha↑ que yo no había ido nunca↑ tan rápido en una moto↓ ¿eh?↑// (2018-09-18_ CREÍA QUE ERA UN INFARTO ABIPOWER IMPROBLOG_Abi Power).

En las recetas de cocina son especialmente frecuentes los casos en los que el hablante alude al sentido de la vista del interlocutor para que sitúe su atención en el plato. En este ejemplo, *como veis* y *fijaos* cumplen esta función, aunque *fijaos* actúa también como enfatizador argumentativo:

> (4) Puede parecer que está un poquito crudo↑/ *como veis*↑/ es porque está brillante↑// Pero para nada↓/ *Fijaos*↓/ si lo tocamos↑/ está compactito↑ (2019-09-07_BROWNIE de Chocolate listo en 3 MINUTOS en el Microondas!_Cocina Para Todos).

En lo que respecta a la promesa de ser breves, no hallamos ejemplos en nuestro corpus. Consideramos que esto se debe al hecho de que en los vídeos de YouTube no se presupone en la audiencia una actitud reacia ante un discurso tedioso, sino que se presentan como un entretenimiento opcional y el énfasis se sitúa en el elemento lúdico. Además, el medio digital permite poner en pausa el vídeo y visualizarlo en el momento que se desee.

La tercera estrategia, consistente en presentar el asunto tratado como de gran interés, parece ser algo más fructífera entre los vídeos de los *youtubers*. A este respecto, señalamos dos vías mencionadas por los retóricos para lograr este objetivo. La primera es realizar una justificación de la importancia que tiene por sí mismo el objeto del que se va a tratar. Esta operación se realiza a veces a través de una argumentación. En este ejemplo, se argumenta señalando la sencillez, rapidez y adaptabilidad de la receta:

> (5) Creo que la receta de hoy es la más sencilla y la más corta que he subido nunca jamás al canal↓// (-c-) Además↑/ literalmente puedes utilizar/ CIENTOS↑/ de ingredientes para cocinarla y/ según el que utilices↑/ será más cara o más barata (2020-03-18_ Estos ROLLITOS DE HUEVO te salvarán la vida_Pilopi RECETAS de COCINA).

En otras ocasiones, se recurre a estrategias como la polifonía. En este ejemplo, se anticipan posibles objeciones de la audiencia a través de un diálogo fingido:

> (6) Hoy↑ quiero hablar de los compases→ cuarenta y cinco y cuarenta y seis↑ de la sonata de Motzart K 310↑/ en la menor↓/ (-c-) *Aasí*→ de específico↓/ [...] *Y me diréis*→/ *¿Y qué?»*↓/ (-c-) Y os diré→/ Pues que estos acordes↑/ son los que en MIL novecientos cincuenta↑/ lo petaban→/ en la música popular↓ (2019-03-29_4 Acordes que NO te podrás quitar de la cabeza_Jaime Altozano).

Otra de las vías mencionadas consiste en mostrar que el tema tratado atañe directamente al público. Para ello, se recurre a distintos mecanismos. En primer lugar, la implicación de la audiencia se puede lograr a través de los temas tratados en cada vídeo. En el siguiente ejemplo, Ter describe los rasgos distintivos de la generación *millennial*, a la que pertenecen sus seguidores. Al final del vídeo, justifica la importancia del análisis propuesto e interpela a los espectadores para que difundan el discurso:

> (7) realmente este vídeo creo que es/ MUY importante↑/ que lo compartáis tenéis/ una misión↓/ y una responsabilidad de/ expandir este mensaje porque la generación *millennial* necesita despertar↓/ (-c-) somos la generación de los memes↓ de los *emojis*↑// y de Internet↓/ tío o sea/ NO podemos estar acomplejaos↓/ ¡ya basta!↓ ¿eh?↑ (2018-07-06_Manifiesto en Defensa del Millennial | TER_Ter).

Una forma menos directa de implicar al público es mediante la selección estratégica del léxico y de la deixis personal y temporal. Así, procedimientos como el empleo de un léxico coloquial o de la deixis temporal en presente crean sensación de proximidad:

> (8) OH cambia el ritmo↑ *chaval* que *guapo*↑// Vale↑/ hostia tengo que esquivar *mazo de mierdas* ahora// Vale↓/ vale↓// Tengo que intentar siempre llegar↑ (2019-02-13_ME ESTOY HACIENDO VIEJO_elrubiusOMG).
>
> (9) Y una vez que no queden grumos de harina↑/ *continuamos*↑ con la receta↑// (-c-) A continuación↑/ vamos a laminar↑ dos manzanas↓/ así que primero les *quitamos* la parte del centro↑// (-c-) Luego les *quitamos* la piel↑ (2019-08-25_ Tarta de Manzana Fácil y Rápida sin Horno | Hecha en la Sartén!_Cocina con Carmen).

En lo que respecta a la deixis personal, encontramos un empleo (a veces combinado) de la segunda persona del singular, con función de apelación a cada espectador individual, y de la segunda persona del plural, dirigida a la audiencia en su conjunto:

> (10) *Tu* primer rollito de huevo ha llegado a este mundo↑ y es poderoso↓// (-c-) Solo falta que lo *dejes* enfriar de uno a dos minutos↑ para no *quemarte* las manitas de cocinillas al darle forma de rollito↓// (-c-) Mientras tanto↑/ *puedes* cocinar otros diez mil rollitos más↓// *Créeme*↓/ nunca son suficientes↓ (2020-03-18_Estos ROLLITOS DE HUEVO te salvarán la vida_Pilopi RECETAS de COCINA).
>
> (11) otro dulce que se prepara de manera SÚPER rápida↑/ y de verdad↓ que el resultado↑/ *os* prometo↑ que *os* va↑ a sorprender↓// (-c-) Y además↑ las medidas *os* la voy a dar↑ (Enseña una cuchara) en cucharadas↓ (2019-09-07_BROWNIE de Chocolate listo en 3 MINUTOS en el Microondas!_Cocina Para Todos).

Además de la deixis personal de segunda persona, se recurre a la primera persona del plural, especialmente en verbos que describen las actividades que está realizando el *youtuber*, con la finalidad de hacer a este partícipe de ellas.

(12) Quinientos pavos↑ pa' quien lo consiga↓// Así que→ (Ríe) espero que todos pierdan↓/ porque si no↑/ uf// Uf↓/ (Aparece la cabeza de un muñeco de Lego. Sonido de un niño gritando: UH) *Vamos* a buscar a *nuestra* primera víctima↓ (2019-05-09_NO TE RAYES JERRY CHALLENGE_elrubiusOMG).

(13) Mientras que se hace/ *nuestro* caldo de pescado↑/ *vamos* a echar↑/ un buen chorro de aceite de oliva↑ virgen extra↑ en la sartén↓// (-c-) *Ponemos* temperatura casi alta↓/ ocho sobre nueve↑ (2020-06-14_ 🌟Estoy seguro que jamas viste hacer así los espaguetis! 😍🤩_La cocina de Masito).

También con el propósito de apelar al destinatario, observamos otras estrategias, como el uso de vocativos y pronombres de dativo ético, con los que se presenta a los espectadores como beneficiarios directos de algunas acciones.

(14) Eh→ ¿Hola?↑// ¿A dónde coño voy chavales?↑/ *What the fuck is this shit?* ¿A dónde- UY↑/ Eh→ me-→ me están matando↓// Me están mara- Me estoy muriendo *chavales*↓// Me estoy muriendo↑ y esto es una puta locura↓/ o sea→// ¿A dónde coño voy?↑ (2019-02-13_ME ESTOY HACIENDO VIEJO_elrubiusOMG).

(15) ¿Lo veh?↑/ eh que hay muchísimoh↑/ Eh que la re'ehtá llena↑/ (Zoom) Ehpérate que *te* pongo un vídeo↑ (Zoom)/ para que lo veas↓/ (-c-) (2019-05-13_CRÍTICA AL RETRATO DEL REY PARA EL CONGRESO DE LOS DIPUTADOS_Antonio García Villarán).

Asimismo, son recurrentes las interpelaciones a través de preguntas dirigidas al destinatario (14, 15) o actos de habla directivos (10). Dentro de estos últimos, a través del imperativo *imagínate*, el hablante invita al destinatario a situarse mentalmente en un contexto relacionado con el contenido del vídeo. En (16), además, se recurre a un recuerdo de la infancia con el que la audiencia se puede identificar fácilmente:

(16) *Tú imagínate* ese plan↑/ (-c-) Llegué a la playa↑ Me metí en el agua del tirón↓/ UN PICO'↑/ (-c-) De ehto que *tú* notah que ehtá zaliendo hahta EHPUMITA por la herida↑/ Como cuando *tu* madre te echaba agua oxigenada en lah rodillah↓/ (2018-09-18_CREÍA QUE ERA UN INFARTO ABIPOWER IMPROBLOG_Abi Power).

Por último, otro de los medios recurrentes para mantener presente al público es la polifonía. A través del discurso referido, los *youtubers* se desdoblan en otros enunciadores e introducen la voz de un representante ficticio de su audiencia, con el que dialogan.

(17) Que diréih *Abi*↑ ¿cómo te va a da' un infarto con lo joven que ereh↑ con lo DEPORTIHTA que tú ereh↑/, lo SANO que comeh↑ sobre to' cuando subeh a Instagram esas pedazo de HABURGUESAH↑ (2018-09-18_CREÍA QUE ERA UN INFARTO ABIPOWER IMPROBLOG_Abi Power).

6.2. *Iudicem docilem parare*

La táctica del *iudicem docilem parare* fue planteada como una figura destinada a salvar la distancia entre la complejidad del tema y la inteligencia del público. Esto se consigue mediante una explicación breve o una enumeración sucinta de las ideas principales. Lo más parecido a la formulación clásica son las ocasiones en las que se presenta el tema al inicio del vídeo:

> (18) (Abi está de espaldas. Al comenzar el vídeo, se gira) EEEEE↑ (-c-) Soy Abi Power y hoy vengo a contaroh la trágica hihtoria de CÓMO me ehtoy haciendo mayor↑ (2018-10-16_MIS AMIGOS HAN EMPEZADO A CASARSE_Abi Power).
> (19) (Plano de Anna con delantal hablando a cámara detrás de una isla) Hola↓/ hoy voy a hacer una tarta de queso↑/ utilizando solamente↑/ tres ingredientes↓ (2020-02-09_ Tarta de queso de 3 ingredientes. ¡Esponjosa como una nube!_ Anna recetasfaciles).

Sin embargo, si, bajo la óptica de las teorías actuales, consideramos que el *iudicem docilem parare* es una macroestrategia de cortesía mediante la cual el hablante tiene en cuenta los conocimientos de su audiencia, anticipa sus dudas y realiza operaciones para facilitarle la comprensión del discurso, comprobamos que se manifiesta de otras múltiples formas y, de nuevo, traspasa las fronteras del inicio del discurso.

En primer lugar, hay momentos en los que se organiza explícitamente el vídeo. En el caso de (20), se hace además una alusión a la brevedad de la explicación técnica:

> (20) *Voy a hacer una pequeña nota técnica↓/* (-c-) (*En esta parte, se ha puesto un filtro color sepia y un efecto de voz antigua*) (*Aparece arriba una partitura y abajo los acordes en números romanos*) Hay veces↑/ como en el caso de Motzart↓/ en la que el tercer acordee↑/ es/ por ejemplo→/ un segundo↑ (*Cambia la numeración del tercero*)/ en primera inversión↑/ (-c-) que si estuviéramos en Do mayor↑ (*Aparecen los nombres de las notas*)/ mantendría el Fa en el bajo↑/ (-c-) y la función de subdominante (2019-03-29_4 Acordes que NO te podrás quitar de la cabeza_Jaime Altozano).

Por otro lado, como se puede comprobar en el ejemplo anterior, la clarificación del discurso también se logra a través de elementos multimodales como los filtros de imagen. Estos no solo contribuyen a la estructuración del discurso (como la tonalidad sepia que se mantiene a lo largo del inciso), sino que también permiten aclarar algunas explicaciones (por ejemplo, situando un texto con el nombre de cada nota encima de la tecla correspondiente del piano). Otra manifestación de esta estrategia es la introducción de subtítulos cuando aparecen fragmentos de discurso en otro idioma:

> (21) H: (Se acerca un hombre de la calle) Why are you flashing cash in my city? (Aparece abajo el texto: *TIENES TANTA PASTA?*) You-/ you got cash like that?
> ER: I go- I got cash like this.
> H: (Aparece abajo el texto: *necesito pasta para weed*) I need cash for weed.

Otros procedimientos discursivos que aproximan el contenido a la audiencia son el énfasis en la pronunciación de palabras de contenido relevante para la comprensión:

> (22) Solo voy a tocar↑/ *UNA↑* / de cada *CUATRO↑/NOTAS↓/* la primera↑/ semicorchea↑/ de cada grupo↑ (-c-) *Es decir→* que en vez de hacer esto↑/ (-c-) (Perspectiva del teclado desde arriba. Aparece la partitura con una flecha que se desliza por las notas que va tocando)/ (-c-) voy a hacer↑/ esto↓/ (Perspectiva del teclado desde arriba. Aparece la partitura con una flecha que señala las notas que va tocando) (2019-03-29_4 Acordes que NO te podrás quitar de la cabeza_Jaime Altozano).

la incorporación de ejemplos (23), explicaciones, justificaciones (24) o reformulaciones (22), que tienen como finalidad presentar la información de forma clara para el público:

> (23) con los *emojis↑*/ han surgido/ emociones nuevas↑/ que antes no existían porque no tenían nombre↑/ y ahora/ no tienen nombre tienen un *emoji↓*/ que es mucho mejor↓/ (-c-) *vamos a poner ejemplos↓* (2018-07-06_Manifiesto en Defensa del Millennial | TER_Ter).
>
> (24) La temperatura↑ no hace falta que sea muy alta↓// *Si no↑/ se nos evaporará muy rápido todo↓/* ¿Ves?↑// Machacar un poco el tomate *para que suelte también su juego↑* (2020-06-14_ 🐶Estoy seguro que jamas viste hacer así los espaguetis! 😍😍_La cocina de Masito).

o el desdoblamiento del locutor en dos enunciadores, el primero de los cuales formula una pregunta que da pie a la explicación:

> (25) Y que es lo mismo↑ que el bajo de *Octopus's Garden↓/* (-c-) ¿Por qué↑ estoy haciendo hincapié→ en el bajo↑/ (Aparece el emoticono del bajo) *para hablar→ de estos acordes?↓/* Pues porque esta↑ progresión↑ MUCHAS veces→ se toca↑/ MACHACANDO el bajo↓ hasta la saciedad↓ Hasta que no queda nada↓/ (Fragmento de vídeo en el que un músico golpea su bajo contra el suelo del escenario) / (-c-) Y ¿por qué?↑/ Pues porque el bajo↑ hace un caMINO↑/ muy agradable↓/ (2019-03-29_4 Acordes que NO te podrás quitar de la cabeza_Jaime Altozano).

Como último elemento reseñable para esta estrategia, cabe mencionar el recurso al *topos* de la sencillez en los canales de cocina, pues están dirigidos a un público no necesariamente experto. Este aparece en argumentaciones que defienden las ventajas del plato, por lo que podría incluirse en el *iudicem attentum parare*:

> (26) Y fíjate↑// que corte↑/ tan bonito↓ (-c-) (Muestra la porción de tarta) (-c-) (Vídeo de Anna de frente) Ya ves↑ qué fácil es hacer↑/ esta tarta de queso↓// Es una tarta de queso↑ al estilo japonés↑ y en la que solamente hemos usado↑ tres ingredientes↓ (2020-02-09_ Tarta de queso de 3 ingredientes. ¡Esponjosa como una nube!_Anna recetasfaciles).

Todas las estrategias tratadas en este apartado son especialmente recurrentes en los vídeos de divulgación científica, pero, como se refleja en los ejemplos, pueden encontrarse también dentro de otras temáticas.

6.3. *Iudicem benevolum parare*

La figura del *iudicem benevolum parare* es algo más extensa que las dos anteriores. Tal como fue planteada por los retóricos, se puede articular en cuatro direcciones, dependiendo de cuál sea el objeto de la operación llevada a cabo: *ab nostra persona*, *ab adversariorum persona*, *ab auditorum persona* y *a causa*. En el § 4.2, identificamos tras la formulación clásica lo que hoy denominaríamos actividades de imagen empleadas con finalidad estratégica.

Con respecto a *ab nostra persona*, establecimos un paralelismo entre este concepto clásico y las estrategias de autoimagen. Como en los casos anteriores, esta figura no se concentra en el momento inicial del vídeo, sino que se repite en la totalidad del discurso. Se articula de diversas maneras, si bien en algunos ejemplos se puede establecer un paralelismo con la formulación clásica de la humildad, mediante la cual el hablante justifica su intervención como encargada por otra persona (lo que lo descarga de responsabilidad) (27), o bien se disculpa por adelantado porque el discurso no esté a la altura de las expectativas del público (en una estrategia de anticipación de críticas) (28):

> (27) pues fue Martí↑ quien me dijo que/ yo y solo yo podía hacer un vídeo/ en defensa del *millennial*↑/ y la verdad es que me hizo mucha ilusión que me dijera eso↑/ y pensé→/*Pues tiene razón*↓/ entonces pues/ por eso lo he hecho↑/ (2018-07-06_Manifiesto en Defensa del Millennial | TER_Ter).
>
> (28) Ayer fue-/ bueno/ hoy es mi cumpleaños/ pero ayer lo celebré con todos mis amigos y-/ y eso// Lo pasamos bien/ lo pasamos bien/ ¡Oh, Dios!// No sé si voy a poder grabar este vídeo/ (Zoom a su cara) Me estoy muriendo (Ríe)/ ((Claro)).

que sé// Esto va a ser un vídeo chill/ ¿vale?/ Aviso de que esto seguramente sea un vídeo chill (019-02-13_ME ESTOY HACIENDO VIEJO_elrubiusOMG).

Además de las formulaciones estrictas de esta figura, se dan en este discurso otras actividades que repercuten sobre la imagen del *youtuber*. Si, en la propuesta de los retóricos, la benevolencia se obtenía mediante una caracterización positiva de su imagen de abogado, en el discurso de los *youtubers* no encontramos un realce claro, sino una serie de actuaciones que, directa o indirectamente, proyectan autenticidad y naturalidad, rasgo señalado por algunos autores como la clave de su éxito (Ferchaud *et al.* 2018). La cercanía se revela aquí, por tanto, como uno de los pilares para la obtención de la benevolencia.

En primer lugar, observamos una tendencia de los *youtubers* analizados a transmitir información sobre ellos mismos, como ya señalamos para las *gamers* en Martín del Barrio (2022), lo que contribuye a formar lazos de proximidad con la audiencia:

(29) el *emoji*↑/ del agujero negro↓/ de este e*moji* ya he hablado↓/ ya sabéis que es mi *emoji* preferido↓/ porque básicamente↑/ representa↑/ la ansiedaz que te da↑/ encontrarte a alguien con quien no te quieres encontrar↓/ por la calle↓ (2018-07-06_Manifiesto en Defensa del Millennial | TER_Ter).

Por otro lado, en ocasiones el hablante realiza actividades que, en apariencia, no benefician su imagen, sino que la comprometen. Esto se produce a través de su asociación con contenidos considerados culturalmente como negativos. En el siguiente fragmento, elrubiusOMG realiza acciones políticamente incorrectas (Fuentes Rodríguez 2010) que contribuyen a la construcción de una identidad de rebeldía:

(30) Muy buenas↑/ criaturitas del señor↑/ ¿Qué tal estáis?↓/ Yo estoy con un poco de resaca↓ ¿vale?↑/ (2019-02-13_ME ESTOY HACIENDO VIEJO_elrubiusOMG).

Por último, hallamos en el corpus ejemplos de actividades de ataque a la propia imagen realizados con distintas finalidades. Las más frecuentes son la autocaricaturización con función lúdica (31) o la anticipación de críticas por parte de los seguidores (32):

(31) Lo que máh odio de lah bodah↑/ eh llevar taconeh↑/ (-c-) A míí→/ loh taconeh máh o menoh me duran↑/ (Señala hacia su izquierda) dehde que sale eel→/ camarero con la bandeha de croquetah↑/ y llega hahta la mesa↓/ Ahí/ yo ya↑/ voy en zapatillah↓/ (2018-10-16_MIS AMIGOS HAN EMPEZADO A CASARSE_Abi Power).

(32) Y hemos venido a probar el→ Borderlands↓ ¿vale?↑// Peeero↑// como estuve hace poco aquí↑/ yy→ hice un blog→ y taal→/ no quería repetirme vale↑ (Plano de El Rubius haciendo un sonido con la boca. A su derecha el texto: *ES GRASIOSO*

POR KE SOI UN RAYADO DE MIERDA) He pensado en hacer un reto *muy estúpido*↓ ¿vale?↑ (2019-05-09_NO TE RAYES JERRY CHALLENGE_elrubiusOMG).

La segunda técnica del *iudicem benevolum parare*, *ab adversariorum persona*, es reinterpretada por nosotros como un ataque a la imagen del contrario con la finalidad estratégica de hacerle perder credibilidad. En YouTube no existe un oponente como en el discurso jurídico, pero la descortesía aparece empleada, nuevamente en partes del vídeo que no tienen por qué ser el principio, con objetivos estratégicos diversos.

En primer lugar, el *youtuber* la utiliza para mostrar qué considera admisible y qué no. Es decir, para transmitir su ideología. Todos los mecanismos para desplegar esta estrategia pasan por la representación de la imagen o voz del objeto del ataque. Una vía para ello es la polifonía. El locutor se desdobla para encarnar el punto de vista de una persona real o del representante ficticio de un pensamiento o actitud, de forma que su imagen quede dañada. A menudo también se responde a dicha voz atacando o contraargumentando:

(33) sobre todo teniendo en cuenta que todo el mundo intenta darte bajona↑ (-c-) cada vez que tú te halagas a ti mismo↑/ (-c-) diciéndote frasecitas *de MIERDA* como→ *Bueno*↓ tú no necesitas abuela↑ ¿eh?↑/// (*SONIDO DE DESAGRADO*) *Pero ¿qué dices?*↑/ o sea ¿qué dices?↑ *Esa frase es como del siglo diecinueve*↑ (2018-07-06_Manifiesto en Defensa del Millennial | TER_Ter).

Las demás vías de inserción del adversario están posibilitadas por el carácter multimodal de YouTube. Por un lado, su voz puede aparecer recogida directamente en el vídeo, mediante la introducción de fragmentos de otro discurso, oral o escrito:

(34) (Fragmento de vídeo de una entrevista al pintor Hernán Cortés) ((Fijate)) también he- he intentao/ hacer un- un cuadro/ m- m- máh bien sobrio↑// También siguiendo↑ en una tradición española↑.
Antonio García Villarán: Tradición española↑ eso es↑// Sosa↑ gris↓ marroncita↑// En definitiva↓/ triste↓// Y eh que la tradición española parece que es muy triste↓ [...] Bueno↓/ lo que yo creo que hay mucha confusión entre lo que es/ tradición↑ y lo que es↑/ la caspa↓ (2019-05-13_CRÍTICA AL RETRATO DEL REY PARA EL CONGRESO DE LOS DIPUTADOS_Antonio García Villarán).

Por otro lado, también encontramos caricaturizaciones de la figura del adversario a través del empleo de recursos visuales, como se refleja en el ejemplo (2) reseñado más arriba.

Además del empleo de la descortesía para transmitir las propias creencias, los *youtubers* recurren a esta actividad con el fin de delimitar el endogrupo (compuesto por él y sus seguidores) del exogrupo. Así, las características que estas figuras consideran indeseables son atribuidas a los demás, en una operación a menudo acompañada de descortesía:

> (35) la emoción deel→/ *Praise Jesus Hallellujah*↓/ que es como→ *y eso ¿qué quiere decir?*↓/ pues→/ ¡nada!↑ no quiere decir nada↓ o sea si/ lo entiendes lo entiendes↓ y si no no lo entiendes↓/ la generación *millennial* lo entiende↓/ (2018-07-06_Manifiesto en Defensa del Millennial | TER_Ter).

Finalmente, cabe reseñar el uso de la descortesía con finalidad lúdica, objetivo también estratégico dentro en este tipo discursivo. En estos casos, se agrede la imagen de una tercera persona (en ocasiones un *youtuber* amigo), con el objetivo de entretener:

> (36) Que soy más mala bailando flamenco↑/ que Chicote leyendo un guion sin que se le note↑/ ¿sabeh?↑ / (Risa) (2018-10-16_MIS AMIGOS HAN EMPEZADO A CASARSE_Abi Power).

En cuanto al tercer medio del *iudicem benevolum parare*, dirigido *ab auditorum persona*, hemos considerado que, desde la perspectiva actual, pueden ser entendidas como operaciones de cortesía con el destinatario. En nuestro corpus, son numerosas las operaciones que los *youtubers* destinan a la imagen de su audiencia. Entre ellas, predomina la cortesía, como vimos también en Martín del Barrio (2022). Esta se articula a través del realce de su imagen (37) o de mecanismos atenuadores orientados a la afiliación (como el diminutivo afectuoso en 38):

> (37) (Se muestra otro tuit) A ver esto qué es↑/ Uh↑/ Qué guay↑// (Lee: *Las→/ letras japonesas dicen felicitaciones*↓) Nice↓ nice↓// Muchas gracias↓// (Revisa sus menciones) Me estáis mandando un montón de cosas bonitas tío// Es súper bonito↑ esto↑// De verdad↓// Muchas gracias↓ (2019-02-13_ME ESTOY HACIENDO VIEJO_elrubiusOMG).
> (38) Y aunque ehtén hechoh en el microondas↑/ quedan super jugo*sitoh*↑ y ehponjosos↓// Así que ya mihmo↑ lo voy a probaar↑ (-c-) (Plano de Mery comiendo un trozo de bizcocho) Mmmm (-c-) De verdad que eh que esta receta es↑/ una auténtica↑/ PASADA↓// Ehtá/ el brownie↑ increíble↑// Súper jugo*sito*↑ (2019-09-07_ BROWNIE de Chocolate listo en 3 MINUTOS en el Microondas!_Cocina Para Todos).

La cortesía hacia la audiencia se manifiesta en ocasiones también a través de determinadas acciones en las que el *youtuber* se sitúa en su lugar y tiene en cuenta sus posibles necesidades. Esto se comprueba especialmente en las recetas de cocina, cuando se da al público opciones de realización de los pasos que se adapten a diferentes eventualidades, o cuando justifican las motivaciones de sus actos:

> (39) *Si prefieres/ las empanadillas fritas↑/* tendrás que colocar una buena cantidad de aceite en una sartén↑/ y cuando esté bien caliente↑/ se van añadiendo las empanadillas↓ (2020-02-06_ Cómo hacer masa casera para empanadillas. Receta fácil, rápida y con TRUCOS_Anna recetasfaciles).

Si bien las principales operaciones que los *youtubers* destinan a la audiencia son corteses, hay ocasiones en las que su imagen se ve comprometida, cuando no directamente dañada. El primer caso sucede en las peticiones de participación, que, debido a su carácter ritual, a menudo se articulan en imperativo, aunque encontramos algunos elementos de atenuación. El empleo de actos de habla directos tiene un efecto de cercanía:

> (40) Si te ha gustado el video↑/ *no te olvides* de darle al *like↓// Comparte* este video↑/ en todas↑ tus redes sociales↑ y *ayúdame* a difundirlo↓// Y si no te has suscrito↑/ *suscríbete* al canal↑ y activa la campanita↓// Si haces esto a cualquiera de mis recetas↑/ *sube* la foto a *Instagram↑* para poder verla↓ (2020-02-09_ Tarta de queso de 3 ingredientes. ¡Esponjosa como una nube!_Anna recetasfaciles).

Finalmente, se dan casos de ataques a la imagen de la audiencia. Esta estrategia, posiblemente por el riesgo interpersonal que conlleva, es menos frecuente. Cuando aparece, es utilizada principalmente como mecanismo de anticortesía (Zimmermann 2003). En (41), no llega a culminarse el ataque, pues se introduce un corte en la edición:

> (41) literalmente↑ puedes utilizar CIENTOS↑ de ingredientes↑ para cocinarla↓ y/ según el que utilices↑/ será más cara↑ o→ más barata↓// (-c-) ¿Que te da por utilizar→/// (Zoom) cocaína?↑/ pues va a salirte muy caro↑ y además vas a ir a la cárcel↑ porque las drogas son malas y además↑ están prohibidas *pedazo de→* (-c-) (2020-03-18_ Estos ROLLITOS DE HUEVO te salvarán la vida_Pilopi RECETAS de COCINA).

Para concluir, la última vía del *iudicem benevolum parare* es aquella dirigida *a causa.* La retórica clásica lo planteó como un ensalzamiento del punto de vista propio y un ataque al del contrario. En lo que respecta a nuestro material, la desarticulación de la postura opuesta (exogrupo) coincide con los mecanismos de descortesía con función argumentativa señalados en *ab adversariorum persona.* Por otro lado, el elogio de la propia causa es similar a la justificación del discurso del *iudicem attentum parare.*

Conclusiones

Con este capítulo, hemos pretendido sumar algunas nuevas reflexiones al creciente ámbito de los estudios sobre argumentación. Para ello, nos hemos propuesto contrastar el concepto clásico de la *captatio benevolentiae* con las nociones teóricas sobre argumentación de la época actual. Asimismo, lo hemos extendido al análisis de un discurso moderno y alejado de la concepción original de los retóricos, como es el de los *youtubers*. Hemos encontrado que las directrices aportadas por estos intelectuales para el empleo de esta figura, así como sus dos complementarias, aluden, en realidad, a un conjunto de estrategias argumentativas orientadas a obtener el favor de la audiencia, que se revelan más variadas y sutiles que en su concepción original y que, además, no se encuentran necesariamente ligadas al inicio del discurso, sino que el hablante recurre a ellas en cualquier momento que lo necesite.

Desde nuestro punto de vista, esto se debe al hecho de que los retóricos diseñaron la *captatio benevolentiae* para ser aplicada a un tipo de discurso concreto (el judicial) estrictamente regulado, concebido para unas condiciones comunicativas particulares (escrito, monológico y formal), y marcado por los presupuestos imperantes en el contexto cultural de la época. Al trasladar estas figuras a un discurso en apariencia tan diferente, comprobamos que a ellas subyacen estrategias persuasivas ya catalogadas de otro modo por las teorías actuales, pero que tanto su contenido como los recursos empleados se actualizan en consonancia con las circunstancias comunicativas. Los *youtubers*, como usuarios competentes del idioma, manejan las estrategias y las adaptan, primero, al objetivo final compartido por todos ellos (atraer y fidelizar a su audiencia) y, segundo, a cada objetivo específico, impuesto por el tipo de canal y el tema del vídeo.

Desde nuestro punto de vista, la observación de un discurso moderno como el de YouTube pone de manifiesto la relevancia que mantienen en la actualidad nociones clásicas como la obtención de la benevolencia del público, si bien consideramos necesario reformular estos conceptos de forma que den cabida a la complejidad de su formulación lingüística y la libertad de su posición. En nuestro análisis, hemos comprobado que, en el discurso de los *youtubers* el camino para mantener al público atento, dócil y benévolo es la cercanía. En primer lugar, el denominado *iudicem attentum* parare estaría compuesto por una serie de estrategias destinadas a obtener la atención de los espectadores. Esto se logra en nuestro corpus a través de la apelación y su inclusión constante en el discurso. Mediante esta táctica, el hablante se acerca a su audiencia y compensa la distancia espacial, temporal e interpersonal de estas interacciones, que no dejan de ser monólogos puestos a disposición del público. Lo mismo sucede en la figura catalogada por los retóricos como *iudicem docilem parare*, que reinterpretamos como una macroestrategia cortés orientada a aclarar y aproximar el contenido tratado a la audiencia. Por último, el *iudicem benevolum parare* puede ser concebido también como una macroestrategia compuesta mayoritariamente por actividades de imagen destinadas a producir un efecto de cercanía. Por un lado, la imagen propia perseguida por el hablante es principalmente de autenticidad y naturalidad y, por tanto, próxima al interlocutor. Por otro lado, las operaciones de cortesía y anticortesía con los espectadores están orientadas al estrechamiento del vínculo *parasocial* (Horton y Wohl 1956) con este. Finalmente, la descortesía es empleada con un objetivo argumentativo o lúdico y tiene como consecuencia el mantenimiento de la atención de los espectadores.

Referencias bibliográficas

Alcaide Lara, Esperanza R. (2014): «La relación argumentación-(des)cortesía en el discurso persuasivo». *Sociocultural Pragmatics*, 2 (2): 223-261.

Álvarez, Miriam (2020 [1994]): *Tipos de escrito II: Exposición y argumentación*. Madrid: Arco Libros.

Anscombre, Jean Claude y Ducrot, Oswald (1994): *La argumentación en la lengua*. Madrid: Gredos.

Aristóteles (2005): *Retórica* (6.ª ed. A. Bernabé, trad.). Madrid: Alianza Editorial.

Austin, John Langshaw (1978): *How to do Things with Words*. Oxford: Oxford University Press.

Bernabé, Alberto (2005): «Introducción». En Aristóteles, *Retórica*. Madrid: Alianza Editorial, 7-41.

Bravo, Diana (1999): «¿Imagen "positiva" vs. imagen "negativa"? Pragmática socio-cultural y componentes de *face*». *ORALIA*, 2: 155-184.

Bravo, Diana y Briz Gómez, Emilio Antonio (2004): *Pragmática sociocultural: estudios sobre el discurso de cortesía en español*. Barcelona: Ariel.

Brown, Penelope y Levinson, Stephen C. (1987): *Politeness. Some Universals in Language Usage*. Cambridge: Cambridge University Press.

Calsamiglia, Helena y Tusón, Amparo (2012): *Las cosas del decir*. Barcelona: Ariel.

Culpeper, Jonathan (1996): «Towards an Anatomy of Impoliteness». *Journal of Pragmatics*, 25 (3): 349-367.

Ferchaud, Arienne; Grzeslo, Jenna; Orme, Stephanie y La Groue, Jared (2018): «Parasocial Attributes and YouTube Personalities: Exploring Content Trends across the most Subscribed YouTube Channels». *Computers in Human Behavior*, 80: 88-96.

Fuentes Rodríguez, Catalina (2010): «Ideología e imagen: La ocultación en la prensa de la violencia social o lo políticamente correcto». *Discurso y sociedad*, 4 (4): 853-892.

Fuentes Rodríguez, Catalina (2011): «(Des)cortesía y violencia verbal: implicaciones lingüísticas y sociales». En Catalina Fuentes Rodríguez, Esperanza R. Alcaide Lara y María Ester Brenes Peña (eds.), *Aproximaciones a la (des)cortesía verbal en español*. Bern: Peter Lang, 13-27.

Fuentes Rodríguez, Catalina (2013): *Imagen social y medios de comunicación*. Madrid: Arco Libros.

Fuentes Rodríguez, Catalina (2017 [2000]) *Lingüística pragmática y análisis del discurso*. Madrid: Arco Libros.

Fuentes Rodríguez, Catalina (2018 [2009]) *Diccionario de conectores y operadores del español*. Madrid: Arco Libros.

Fuentes Rodríguez, Catalina y Alcaide Lara, Esperanza R. (2020 [2002]) *Mecanismos lingüísticos de la persuasión*. Madrid: Arco Libros.

Fuentes Rodríguez, Catalina y Alcaide Lara, Esperanza R. (2020 [2007]) *La argumentación lingüística y sus medios de expresión*. Madrid: Arco Libros.

Grice, Herbert Paul (1975): «Logic and Conversation». En Peter Cole y Jerry L. Morgan (eds.), *Syntax and Semantic. Speech Acts*. Nueva York: Academic Press, 41-58.

Goffman, Erving (1959): *The Presentation of Self in Everyday Life*. London: Penguin books.

Goffman, Erving (1967): *Ritual de la interacción*. Buenos Aires: Editorial Tiempo Contemporáneo.

Hernández Flores, Nieves (2013): «Actividad de imagen: caracterización y tipología en la interacción comunicativa». *Sociocultural Pragmatics*, 1 (2): 175-198.

Horton, Donald y Wohl, Richard (1956): «Mass Comunication and Para-Social Interaction. Observations on Intimacy at a Distance». *Interpersonal and Biological Processes*, 19 (3): 215-229.

Lausberg, Heinrich (1966): *Manual de retórica literaria. Tomo I*. Madrid: Gredos.

Lausberg, Heinrich (1975): *Elementos de retórica literaria*. Madrid: Gredos.

Lo Cascio, Vincenzo (1998): *Gramática de la argumentación: estrategias y estructuras*. Madrid: Alianza.

Martín del Barrio, Irene (2022): «Imagen social e identidad virtual en el discurso de las *gamers* españolas». En E. Brenes Peña, C. Fuentes Rodríguez y C. Prestigiacomo (eds.), *Estrategias comunicativas, proyección de imagen y género*. Palermo: Palermo University Press, 329-354.

Perelman, Chaïm y Olbrechts Tyteca, Lucie (1989): *Tratado de la argumentación: la nueva retórica*. Madrid: Gredos.

Plantin, Christian (2001): *La argumentación*. Barcelona: Ariel.

Searle, John (1990): *Speech Acts: an Essay in the Philosophy of Language*. Cambridge: Cambridge University Press.

Toulmin Stephen (1958): *The Uses of Argument*. Cambridge: Cambridge University Press.

Van Eemeren, Frans y Grootendorst, Rob (2016): *Argumentation, Communication, and Fallacies: A Pragma-Dialectical Perspective*. Londres: Routledge.

Vega, Luis (2011): «Teoría de la argumentación». En Luis Vega Reñón y Paula Olmos Gómez (coords.), *Compendio de lógica, argumentación y retórica*. Madrid: Trotta, 55-66.

Zimmermann, Klaus (2003): «Constitución de identidad y anticortesía verbal entre jóvenes masculinos hablantes de español». En Diana Bravo (ed.), *Actas del I Coloquio Internacional del Programa EDICE. La perspectiva no etnocentrista de la cortesía: identidad sociocultural de las comunidades hispanohablantes*. Estocolmo: Programa EDICE, 245-271.

Capítulo 3
¿Cómo me presento en mi negocio? Análisis discursivo de los textos «sobre mí» en negocios basados en marca personal[*]

Víctor Pérez Béjar
Universitat de València

María Rosa López Lorenzo
Rosa Morel® Comunicación

1. Introducción

En la actualidad, casi todos los negocios tienen una página web en la que se presentan al público y ofrecen servicios y productos a sus clientes. El auge de las nuevas tecnologías y el asentamiento de la web 2.0 han permitido que surjan muchos negocios en estos entornos digitales, incluso aunque carezcan de tienda física. Además, han propiciado la aparición de muchos emprendedores que han podido crear su empresa incluso en solitario. Pero dentro de la red global, estos emprendedores se enfrentan a varios retos comunicativos: ¿cómo me comunico con mi público?, ¿cómo me hago visible en la red?, ¿cómo me diferencio de la competencia?, ¿cómo hago que conozcan mi marca y confíen en ella? Se genera así toda una actividad discursiva (principalmente por escrito) con la que se presentan ante los internautas, configuran su imagen de marca y tratan de captar clientes.

Esta actividad discursiva se desarrolla en diversos ámbitos de la web, como las redes sociales (Twitter, Facebook…), los blogs o los correos electrónicos, pero

_____

   * Este trabajo se inscribe dentro del proyecto P18-FR-2619 «Macrosintaxis del discurso persuasivo: construcciones y operadores», financiado por la Junta de Andalucía y fondos FEDER (IP: Catalina Fuentes Rodríguez y María Ester Brenes Peña), así como del proyecto concedido por el Ministerio de Ciencia e Innovación y la Agencia Estatal de Investigación «Las relaciones en la construcción del discurso: un enfoque multidimensional» (ReDisC PID2021-122115NB-I00; IP: Catalina Fuentes Rodríguez).

también en las páginas web corporativas, donde cobran especial relevancia los apartados «sobre mí» en los que se centra este trabajo. Una de las principales estrategias discursivas para generar la imagen de marca de estos negocios unipersonales es mostrar la historia y el carácter personales de sus dueños. Suele considerarse una estrategia efectiva, ya que el establecer contacto por internet con los clientes conlleva, por lo general, una pérdida de información contextual, como la edad de la persona, su sexo, su aspecto físico, su prosodia y otros similares (Yus 2010). Hablar de sí mismo, de tus experiencias o de tu personalidad ayuda a compensar esta falta de información y permite que el cliente potencial deje de considerar al responsable del negocio un completo desconocido. De esta forma, consiguen una mayor identificación y tratan de ganarse al potencial cliente. Esta actividad discursiva y de marca es lo que permite denominar a este ámbito empresarial como «negocios basados en marca personal» o «negocios unipersonales».

En las secciones «sobre mí», la identificación de la imagen personal con la profesional a través del discurso se hace patente, y su análisis nos puede dar una buena muestra de cómo se presentan estos negocios ante el público en cualquier ámbito y cómo se comunican con su clientela. Este es, por tanto, el principal objetivo de nuestro trabajo. Para entender cómo construyen estos discursos «sobre mí», nos centraremos en dos grupos de recursos y estrategias: aquellos orientados de forma más directa al establecimiento de una imagen personal, y aquellos que organizan la arquitectura textual ordenando las unidades del discurso para mejorar el procesamiento de la información y potenciar la eficacia argumentativa. Nuestro acercamiento es cualitativo, pues tratamos de descubrir la tipología de recursos utilizados por estos negocios teniendo en cuenta su variedad y las diversas funciones textuales que adquieren. Para el análisis, hemos seleccionado un corpus de los apartados «sobre mí», o equivalentes, de diez negocios: Carlota Iglesias (psicóloga), Gemma Fillol (experta en *marketing* y comunicación emocional), Germán Sancho (*coach* para hombres), Irene Milián (consultora de marca personal), Iván Perujo (entrenador personal), Juan Llorca (cocinero), Lucía Galán (pediatra), Maldita María (diseñadora), Romuald Fons (experto en *marketing* digital y posicionamiento web) y Rubén Martínez (*trader* algorítmico). Todos los textos de estos negocios fueron consultados por última vez en agosto de 2022 y consideramos que constituyen un corpus suficientemente representativo para mostrar las tendencias de construcción discursiva para la creación de la imagen de marca en negocios unipersonales.

2. Negocios unipersonales o de marca personal

El término marca personal aparece mencionado por primera vez por Peters (1997) en el artículo «The brand called *You*» para hablar de la necesidad de diferenciación y de la mejora de la empleabilidad debido a la incipiente revolución tecnológica. El autor recomienda vernos a nosotros mismos como una marca y convertirnos en el director ejecutivo de la misma, independientemente de nuestra situación laboral o posición dentro de la empresa.

> Regardless of age, regardless of position, regardless of the business we happen to be in, all of us need to understand the importance of branding. We are CEOs of our own companies: Me Inc. To be in business today, our most important job is to be head marketer for the brand called You. (*idem*: 83).

Sin embargo, Peters no relaciona únicamente la posibilidad de construir una marca personal con profesionales independientes que puedan desarrollar negocios unipersonales. Considera que cualquier empleado por cuenta ajena debe trabajar su marca personal para demostrar a sus superiores que es mejor que el resto de los compañeros para lograr diferenciarse de los demás. Pese a que el artículo recibió muchas críticas (*cfr.* Lidsky 2005) por motivar a los empleados a centrarse en sus propias marcas, la idea de convertirse en una opción preferente a través de una marca personal propia sacudió a grandes corporaciones. Uno de los casos más claros fue el de Scott Bedbury, director de marketing de Starbucks, que ese mismo año dejó la empresa para posicionarse como consultor independiente, escribir un libro y dictar conferencias.

Hoy en día, el concepto de marca personal ha cobrado mayor relevancia debido al uso de plataformas digitales (como blogs y redes sociales) por parte de individuos en búsqueda de empleo o profesionales independientes cuyo objetivo es lograr notoriedad y promoción comercial. Según el consultor en marca personal Pérez Ortega (2008: 119) «[l]a marca personal es siempre una herramienta de mejora e innovación personal que nos permite destacar y ser singulares en un mundo homogéneo y gris». Como vemos, es un concepto versátil que puede aplicarse a varios hechos en los que se relaciona la actividad laboral con la imagen personal. Sin embargo, aunque existan profesionales con marca personal que trabajen por cuenta ajena, este estudio se centra en analizar el discurso de aquellas marcas personales nacidas de negocios unipersonales, es decir, de aquellos profesionales que han decidido posicionarse como expertos en un campo concreto de manera independiente.

Bajo nuestras consideraciones, podemos decir que el proceso de creación de una marca personal pasa por identificar cuáles son los elementos diferenciadores del negocio y el valor añadido de esos profesionales, para comunicarlos en los discursos que construyen y posicionarse como la mejor opción a ojos del receptor. Debido al interés promocional de los profesionales, todos los textos que rodean su marca personal tienen una clara intención comercial: todas las secciones del sitio web, los correos electrónicos, las publicaciones en redes sociales y, por supuesto, las campañas de publicidad. Por este fin, más allá de que también puedan considerarse textos corporativos que definen y delimitan el propio negocio, son textos eminentemente publicitarios, pues su propósito comercial está siempre presente.

Dentro de la propia web, juega un papel especial la sección «sobre mí», ya que si hubiera dos dueños de negocio unipersonal que tratan de posicionarse en el mismo nicho, ofreciendo los mismos servicios al mismo precio y con las mismas prestaciones, la diferenciación principal recaería en su propia historia y en su capacidad de transformarla en un relato de marca atractivo que conecte con el receptor. De ahí parte nuestro interés en analizarlos. Las principales estrategias de identificación del negocio se van a encontrar en este apartado, y a su servicio van a ponerse todos los recursos discursivos que sean necesarios para lograr este objetivo.

3. El análisis del discurso y la publicidad digital

Para comprender cuáles son los principales mecanismos y estrategias de la construcción de los textos «sobre mí» en los negocios unipersonales, realizaremos una aproximación desde el Análisis del Discurso. Aunque abundan los estudios de discurso publicitario desde la lingüística, Hernández Toribio (2021: 207) comenta que «su menor visibilidad en el campo publicitario impide, en muchos casos, el desarrollo de un conocimiento compartido multi y transdisciplinar, y dificulta la transferencia de resultados al ámbito profesional del entorno publicitario». Algo similar ocurre con los textos corporativos, en los que los análisis lingüísticos tampoco suelen traspasar fronteras.

Sin embargo, es innegable el interés que se percibe desde la lingüística en este tipo de textos, pues se trata de discursos en acción que ponen en marcha todo un argumentario destinado a la venta de un producto o servicio, así como una actividad discursiva que define la imagen de marca. Para realizar el estudio de los textos «sobre mí» de estas páginas de negocios unipersonales, partiremos de un modelo de análisis del discurso, la lingüística pragmática de Fuentes Rodríguez (2017 [2000], 2013, 2017), que nos permite atender tanto a los aspectos formales del texto, como la influencia del contexto comunicativo y social en él. Este modelo, que parte de los estudios modulares de lingüística textual de corriente francesa (*cfr.* Roulet 1991, 1997; Roulet, Filliettaz y Grobet 2001; Adam 2004; etc.), organiza la arquitectura del texto en tres niveles y cuatro dimensiones. Los tres niveles son:

a)   Microestructura: El nivel de la organización oracional asociado a la sintaxis de rección. A este nivel pertenecen las unidades, funciones y relaciones fonético-fonológicas, morfosintácticas y léxico-semánticas.

b)   Macroestructura: El nivel de la organización del discurso caracterizado por una sintaxis comunicativa. Posee unidades, funciones y categorías propias de la organización textual.

c)   Superestructura: El nivel de la tipología textual. Permite determinar la organización tipológica secuencial que se ajusta a los moldes de géneros textuales concretos.

Todo discurso se produce en una situación comunicativa determinada, y se construye teniendo en cuenta la situación contextual y los moldes tipológicos que asociamos a ellas basándonos en nuestro conocimiento inherente sobre la tradicionalidad discursiva. En este molde organizamos el discurso usando elementos microestructurales (sonidos, palabras, oraciones…) con los que construimos enunciados, párrafos o intervenciones. Estos, a su vez, los organizamos para construir el texto a través de criterios comunicativos y no de rección, que vienen determinados por las dimensiones o planos del discurso. En el modelo de Fuentes Rodríguez (2017 [2000], 2013, 2017) son cuatro estas dimensiones: enunciativa, modal, informativa y argumentativa. A través de ella, podemos dar cuenta de la organización y funciones de los argumentos en el texto (estructura argumentativa), de las diferentes voces que intervienen y su distribución (estructura polifónica), el tratamiento de la información y la progresión temática (estructura informativa), o el posicionamiento modal del emisor con lo que dice. Con este modelo multidimensional, es posible entender y analizar la construcción de cualquier tipo de texto y su relación con la situación comunicativa en la que aparece. Asimismo, hace posible delimitar fenómenos y elementos discursivos concretos, discriminando sus valores en una de estas cuatro dimensiones. Además, la lingüística pragmática permite la inclusión de una *macrosintaxis* (*cfr.* Fuentes Rodríguez 2017; Fuentes Rodríguez y Gutiérrez Ordóñez 2019; González Sanz y Pérez Béjar 2019; etc.), una sintaxis del discurso, que da cuenta de las unidades, categorías y funciones por encima de la oración, y fijan la arquitectura del texto.

En el ámbito del análisis del discurso, no faltan trabajos que se hayan acercado al discurso publicitario en español (*cfr.* López Eire 2003; Robles Ávila 2010; Andrés Castillo 2011; Poch Olivé y Alcoba 2011; Hernández Toribio y Mariottini 2019; Hernández Toribio 2021; entre muchos otros). A estos, pueden añadirse otros que se centran en el discurso publicitario en internet (*cfr.* Robles Ávila 2019; Pérez Béjar 2020; Duque 2021; Mancera y Pano 2021; Padilla Herrada 2022; entre muchos otros) que abordan las peculiaridades que adquiere la lengua en su adaptación a las características del medio digital: la hipertextualidad, la interactividad y la multimodalidad (Wenz 2017). Sin embargo, las propiedades que adquieren los textos «sobre mí» de las empresas de marca personal no son únicamente de los textos publicitarios (*vid.* § 3), sino que también se suelen relacionar con los textos corporativos y declaraciones de misión (*mission statemens*; *cfr.* David, David y David 2014; Negro Alousque 2019). La lingüística pragmática de la que haremos uso en el análisis es capaz de dar cuenta de esta hibridación de la tipología textual atendiendo a la situación comunicativa en la que se inserta y dando un marco explicativo a los mecanismos de construcción textual que se orientan hacia un fin persuasivo.

Por último, se ha de atender al hecho de que los textos «sobre mí» ayudan a establecer una imagen de marca que, en el caso de los negocios unipersonales, se apoya en la identificación total de la empresa con la persona que la dirige. En esta actividad de imagen, cuyo último fin es la persuasión publicitaria, la lengua se pone al servicio de las relaciones sociales. Para atender a esta repercusión social del lenguaje, nos apoyaremos en las herramientas de análisis que nos ofrecen las perspectivas de cortesía lingüística de Brown y Levinson (1987) y del programa EDICE (*cfr.* Bravo 1999, 2005), que incorporan a sus modelos el concepto de imagen social de Goffman (1956). Desde estos modelos de cortesía, es posible observar la enunciación discursiva como una actividad de imagen que ayuda a presentar la imagen personal y que esta sea aceptada y bien valorada por los receptores. De esta manera, nos será posible establecer relaciones entre los recursos utilizados en la construcción del discurso de estos negocios con el tipo de imagen positiva que quieren mostrar ante sus potenciales clientes.

Aunque los recursos destinados a la construcción del texto y los que se orientan a la creación de la imagen de marca puedan considerarse que están en grupos diferenciados, los dos se relacionan entre sí. Ambos se llevan a cabo a la vez y de forma interrelacionada, además de que cualquiera de ellos puede servir a los dos propósitos al mismo tiempo. La creación de imagen y la construcción del discurso se retroalimentan para llegar al mismo propósito: persuadir al receptor-cliente para que confíe en el negocio y en su dueño. La argumentación se erige como el eje estructurador de esta comunicación lingüística.

4. La creación de la identidad como recurso de persuasión

La construcción discursiva de los textos «sobre mí» es de especial relevancia en los negocios de marca personal. Los recursos lingüísticos se ponen al servicio de la creación de una imagen positiva de la persona que dirige la empresa, ya que se va a producir una identificación total entre el empresario y la entidad. Aunque la creación discursiva de la imagen de empresa con los textos «sobre mí» tiene una proyección corporativa (crear una imagen de marca o mejorar el posicionamiento y la visibilidad en la web), también hay una intención publicitaria, pues esta imagen ayudará a aumentar las ventas de sus productos y servicios. Esto es similar a lo que ocurre en el discurso en entrevistas de mujeres directivas como los que analiza Brenes Peña (2021). La actividad de imagen que se realiza con ellos permite ofrecer una mejor impresión de la empresa que se usa como argumento para vender sus productos o servicios. Actividad de imagen y argumentación van de la mano: «[l]a imbricación detectada entre las actividades de imagen y las estrategias argumentativas actualizadas en el discurso es total. Ambos aspectos se utilizan para alcanzar la misma meta: persuadir al receptor. Las actividades de imagen se emplean, pues, con un fin argumentativo» (*idem*: 107). Por esta actividad de imagen orientada a la persuasión, podemos considerar que los textos «sobre mí» siguen siendo publicitarios. Como refuerzo de esta conclusión, será habitual encontrar en el propio discurso de estas páginas textos de enlace a otras sobre productos y servicios que ofrecen estas empresas unipersonales:

(1) IDEAS PARA LLEVAR
También me puedo colar en tu casa a través de mis libros y el resto de productos que encontrarás en mi pequeño mercado. IR A TIENDA [hiperenlace]
(Juan Llorca).

O, por otro lado, al final de estos textos «sobre mí» suele aparecer la información de contacto y una apelación directa al receptor-cliente para interactuar con la compañía:

(2) Da el paso, acepta tu historia y cambia tu futuro.
Servicio terapia [hiperenlace]
Contacto
[n.º de teléfono y correo electrónico]
(Carlota Iglesias).

Como vemos en (2), es habitual el uso de imperativos y otras formas de expresión exhortativa para llamar a la acción a los potenciales clientes («da el paso», «cambia tu futuro»). Este rasgo y otros que veremos a lo largo de este trabajo parecen confirmar la consideración de estos textos como publicitarios, y que el establecimiento de una imagen concreta sirve a este fin persuasivo y publicitario. En este apartado, veremos cuáles son dos de los principales recursos que se orientan a la creación de la imagen personal (y, por tanto, a la imagen de empresa): el uso de la coloquialidad y la combinación de argumentos lógico-racionales y basados en la emoción. Estos, como defendemos, serán elementos argumentativos centrales para persuadir a los potenciales clientes de que contraten sus servicios y compren sus productos.

4.1. La coloquialidad como identificación personal

La coloquialidad es un recurso habitual en publicidad, sobre todo, en los entornos digitales y la comunicación mediada por ordenador. Contamos con un gran número de trabajos académicos que confirman la fuerte presencia de rasgos coloquiales en la publicidad digital (*cfr.* Robles Ávila 2004, 2019; Hernández Toribio y Vigara Tauste 2007; Pérez Béjar 2020; Duque 2021; Hernández Toribio 2021; Mancera y Pano 2021; Padilla Herrada 2022; etc.). Las condiciones del medio digital parece que propician la aparición de rasgos coloquiales, pues una de las características habituales de la web 2.0 es la interactividad (Wenz 2017: 96), que acerca estos contextos a las situaciones de comunicación propias de la inmediatez comunicativa. Esto es, si cabe, más evidente en las redes sociales o en aplicaciones de mensajería instantánea, en los que se da una retroalimentación muy dinámica que se acerca a una conversación coloquial cotidiana (*cfr.* Yus 2010; Mancera Rueda y Pano Alamán 2013; Briz 2014).

A su vez, es posible observar que la coloquialización del discurso ha sido una estrategia muy rentable para la construcción de la imagen pública de individuos y grupos en sociedad. Podemos enumerar el caso de políticos (*cfr.* Alcaide Lara 1999; González Sanz y Pérez Béjar 2018), entrevistadores y periodistas (*cfr.* Fuentes Rodríguez 2014), altos ejecutivos y directivos de empresas (*cfr.* Brenes Peña 2021), empresas a través de mensajes publicitarios y corporativos (*cfr.* Pérez Béjar 2020; Mancera y Pano 2021), influentes y celebridades en redes sociales (*cfr.* Pérez Béjar 2014; Mapelli 2019; Mapelli y Piccioni 2019; Padilla Herrada 2022) o, incluso, autores y guionistas en la creación de personajes de ficción (*cfr.* Narbona 2007; Méndez García de Paredes 2019; Pérez Béjar, García Pérez y Mata Núñez 2021) que usan los rasgos coloquiales como herramienta para la creación de imagen. No es de extrañar que sea una estrategia tan frecuente, pues podemos enumerar varios efectos positivos:

— Es posible llegar a un público más amplio, pues se trata de un registro disponible y accesible a cualquier sector de la sociedad.
— Es un registro que se adapta con facilidad a la comunicación a través de internet, pues esta ha adoptado como registro más habitual el familiar, por su carácter de alta inmediatez comunicativa.
— Fomenta una imagen de cercanía con los receptores y reduce la distancia social entre ellos.
— Mejora la visibilidad y el reconocimiento de la imagen, pues rebajar el registro cuando es otro el esperado permite llamar la atención de los posibles receptores.
— Potencia la expresividad y el carácter subjetivo y personal del emisor, pues lo coloquial suele caracterizarse por un mayor grado de emotividad.

— Derivado de lo anterior, del carácter emotivo y expresivo, se consigue un aumento de la fuerza argumentativa.

Precisamente por estos beneficios, la coloquialización suele ser una característica habitual en los textos «sobre mí». Ya que hay una identificación precisa entre empresa y la persona que la dirige, la coloquialidad parece un recurso apropiado para mantener una actitud cercana con los posibles clientes. De todas formas, los rasgos coloquiales que se encuentran no presentan una gran variedad, y se suelen reducir al nivel léxico semántico, al uso de expresiones coloquiales. El medio escrito aún ejerce mucha influencia en estos textos, y la sintaxis aún es cercana a las situaciones de distancia comunicativa (*cfr.* Koch y Oesterreicher 2007). Algunos ejemplos de estas expresiones son las metáforas y frases hechas propias del coloquio:

(3) He vivido en Barcelona, Florencia y Nueva York inagotables fuentes de inspiración, de tendencias y de contrastes. Aunque adoro las ciudades. La montaña es lo que me hace *cargar las pilas*. (Gemma Fillol).

(4) Haz tu marketing como *te salga de la patata*. (Irene Milián).

(5) Te lo resumo rápido porque tampoco es lo más importante aquí. Terminé la Licenciatura de Economía en 2011 *(sí, ya ha llovido)* y tras finalizar hice un Máster en Dirección Financiera, cursé las Licencias MEFF y he ido formándome en diferentes especializaciones en Data Science (Johns Hopkins University). También formación específica en análisis cuantitativo en un Hedge Fund. (Rubén Martínez).

También es común la inserción de anglicismos que se incorporan al texto como elementos de coloquialización:

(6) Soy incansable, en serio. no sé de donde *(sic)* saco la energía. Hablo bastante rápido. y soy muy ejecutora. Uno de mis #gemmantras es «Trabaja muy duro. pero pásatelo bien haciéndolo. *No fun. no party*». (Gemma Fillol).

Más allá de los elementos léxicos, también es habitual encontrar recursos que potencian la *mímesis de la oralidad* (*cfr.* del Rey Quesada 2019: 285) en los textos que analizamos. Esto se consigue, principalmente, a través de una potenciación del carácter polifónico del texto con el uso de ciertos mecanismos que emulan una interacción coloquial propia de la conversación cara a cara. Se puede ver, por ejemplo, el uso de preguntas constantes que apelan al receptor-lector como si pudiera responder:

(7) Los momentos de placer son fugaces ¿Te suena de algo? (Carlota Iglesias).

(8) Explorar en busca de fibras cultivadas casi salvajes, hilos tejidos con dignidad, telas hambrientas de viajes … ¿Me acompañas? (Maldita María).

(9) El camino hasta lograr mi título no fue fácil, pero ¿qué camino lo es? Cuando creí estar preparada y saberlo casi todo, cuando al fin me sentía una buena pediatra con mis pacientes, de nuevo la vida me recordó que estamos aquí para aprender, para mejorar y para dejar legado. La maternidad cambió mi manera de vivir y sentir ya para siempre. (Lucía Galán).

En ocasiones también puede aparecer un vocativo junto a la pregunta que apela directamente al lector:

(10) Eiiii *compi*, ¿tú también te haces estas preguntas? (Irene Milián).

Las preguntas también sirven para recrear cierto dialogismo que sirve de mecanismo de cohesión del texto. Es habitual que las preguntas comiencen apartados de las distintas secciones de las páginas «sobre mí», y la respuesta a estas «cuestiones» sea el cuerpo del texto de la sección. Es un mecanismo que crea la sensación de que es el receptor el que está preguntando, se introduce como enunciador, y el empresario contesta a sus dudas:

(11) ¿Por qué trader algorítmico? [título de sección]
Mi nombre es Rubén, soy el responsable de este espacio… [resto del cuerpo de la sección] (Rubén Martínez),
(12) QUÉ ES COACHING PARA HOMBRES [título de sección]
El Coaching para hombres consiste en… [resto del cuerpo de la sección] (Germán Sáncho).

Sin ser títulos de sección, también encontramos preguntas en las que las marcas de primera persona del singular se hacen corresponder con el lector. Se inserta, de nuevo, como enunciador en una simulación de una interacción verbal real:

(13) —¿CÓMO FUNCIONA UNA SESIÓN?
—¿QUÉ VA A CAMBIAR EN *MÍ*?
—¿CUÁNTAS SESIONES *VOY* A NECESITAR? (Germán Sáncho).
(14) ¿Qué es lo más importante a la hora de posicionar *mi* marca personal en el entorno digital?
¿Dónde *puedo* encontrar a profesionales especialistas en marca personal para que *me* ayuden?
Me gustaría dedicarme profesionalmente a ayudar a otros con su marca, ¿cómo *me* puedo formar contigo? (Irene Milián).

En el caso de Irene Milián, además, encontramos al receptor como enunciador incluso en enunciados que no son preguntas. Actúan, más bien, como respuestas a las cuestiones o las ofertas que les plantea ella y suelen aparecer vinculados a hiperenlaces que redirigen al lector a otra página donde puede contratar sus servicios:

(15) Hablemos ya, Irene. (Irene Milián).
(16) Sí, te escribo ya. (Irene Milián).

Con la dialogía y la simulación del intercambio de papeles emisor-receptor, se consigue una mayor implicación del lector como potencial cliente, y se le hace partícipe de forma más activa en el proceso publicitario. De esta manera, los emisores de estas empresas consiguen acercarse más a sus receptores y llamarlos a la acción, a que contraten sus servicios o compren sus productos. Se potencia, por tanto, el efecto perlocutivo de la persuasión y guían al receptor para que se interese y busque fuera de la página «sobre mí» más información sobre la empresa o la forma de contratar sus servicios o comprar sus productos.

4.2. La actividad argumentativa y la imagen pública

El uso de argumentos lógico-racionales basados en datos aparece en todos los textos analizados de la sección «sobre mí». Se utilizan para reforzar la autoridad del profesional mencionando sus años de experiencia, las empresas con las que ha trabajado o los premios que ha conseguido:

(17) *Casi una década* de consultas y aprendizaje.
Al terminar de formarme monté un centro en Barcelona donde empecé a atender familias y parejas (…) *soy profesora de la Universidad de Vic*, donde imparto la asignatura de Terapia Familiar y de Pareja en el Grado de Psicología (…) (Carlota Iglesias).
(18) Después de *16 años volcada de lleno en el mundo de la comunicación estratégica*, puedo afirmar que la emoción es la piedra angular para crear marcas que impacten y que generen un vínculo genuino con tu audiencia. (Gemma Fillol).
(19) *20 años* sumergido en el mundo de las celebrities y de la alta sociedad, así como su trabajo *en España, Latinoamérica y EE.UU* (…) (Iván Perujo).
(20) *Pediatra con casi 20 años de experiencia*, madre de dos hijos adolescentes, *autora de nueve libros con la Editorial Planeta con los que sumo más de 50 ediciones, más de 300.000 lectores.* (Lucía Galán).

Sin embargo, en la mayoría de los casos, el uso de argumentos racionales se corresponde con solo un 20% del texto «sobre mí». El peso de la argumentación es emocional, es decir, está basada en la emotividad expresada por el emisor y puede apoyarse en *topos* como ciertos valores sociales compartidos, las impresiones subjetivas del dueño del negocio o su historia personal. De hecho, las experiencias personales son la forma más evidente de argumentación emocional y, a través de ellas, el emisor es capaz de equiparar su imagen personal a la profesional. Esto suele tener como consecuencia una mayor identificación de la empresa y de su responsable, además de generar una sensación de comunicación cercana y empática con su potencial clientela.

(21) La niña que no podía sonreír y sufría en silencio.
Cuando tenía 6 años tuve que hacer frente a muchos acontecimientos importantes que me bloquearon. Ese mismo año falleció mi abuelo, mis padres decidieron separarse, me diagnosticaron dislexia y repetí curso en el colegio. (Carlota Iglesias).

En ocasiones, hay historias y experiencias personales que se presentan como una catarsis, un punto de inflexión o una metamorfosis y que permiten definir la trayectoria profesional del dueño del negocio y su vocación:

(22) *Con cinco años lo supe.* Con cinco años salía del hospital de mano de mis padres tras superar una enfermedad grave y (…) les dije: «yo de mayor quiero ser médico de niños, para que a ningún niño le pase lo que me ha pasado a mí». (Lucía Galán).

(23) Delante del espejo de la peluquería, *decidí que era el momento de dejar un trabajo de 12 años*. Esa fue la primera acción del «nuevo Germán», seguramente la más difícil. (Germán Sancho).

(24) *Hace años ocurrió algo que hizo cuestionarme el modelo de vida que estaba llevando.*
Aunque no lo «llevaba» yo.
Era él el que ME LLEVABA a mí… (Maldita María).

Con esta experiencia personal «reveladora» se refuerza el puente entre el rol personal y el profesional, que quedan estrechamente conectados. Además, consigue que el lector quede interesado por su historia o que empatice con ella, y que deposite su confianza en alguien que tiene tan bien orientado su camino. Lingüísticamente, dentro de la superestructura del texto, el uso de este tipo de argumentos determina un uso abundante de las secuencias narrativas.

Curiosamente, aunque la formación profesional y otros logros académicos de estos emprendedores forman parte también de su historia personal, en los textos «sobre mí», hay cierto desprecio del valor que poseen como argumentos o como refuerzo de la imagen personal. Aunque podrían usarse como argumentos lógico-racionales con suficiente fuerza, se presentan, por el contrario, como menos válidos que los puramente emocionales, como los basados en las historias personales. Rompen con el *topos*, generalmente aceptado, de que la formación atestigua la validez de la persona que se dedica a un ámbito determinado. Sin embargo, de nuevo se utiliza la emoción para poner en cuestión, desde la propia subjetividad, la propia validez de estos *topoi*, y crean una nueva base argumentativa en la que el éxito profesional viene determinado por otros factores como la actitud, la autoformación o las experiencias personales, por encima de la educación reglada:

(25) *No me gusta la titulitis, pero sé que genera confianza, así que ahí va*: Soy licenciado en pedagogía por la Universidad de Barcelona e hice un máster en Coaching Sostenible, estoy certificado como Coach por OCCInternacional y actualmente estoy estudiando otro máster en emprendimiento. Creo en la educación como la mejor herramienta de transformación social. Me apasiona la psicología y me comprometo con las personas que acompaño. (Germán Sáncho).

(26) Estudios y algunos logros

Te lo resumo rápido porque *tampoco es lo más importante aquí*. Terminé la Licenciatura de Economía en 2011 (sí, ya ha llovido) y tras finalizar hice un Máster en Dirección Financiera, cursé las Licencias MEFF y he ido formándome en diferentes especializaciones en Data Science (Johns Hopkins University). También formación específica en análisis cuantitativo en un Hedge Fund.

Aun así, no me considero ni economista ni científico de datos. Es importante dejar esto claro. Durante este camino he conseguido algunos «logros».

En 2013 recibí el premio Emprendedor y en 2015 Joven Talento en la categoría Ciencia. ¿Sabes qué? ***Ninguno de ellos me enseñó nada***[1]. Nunca más he vuelto a presentarme a uno. (Rubén Martínez).

Finalmente, vemos que lo emocional también queda reflejado en las descripciones de la personalidad o las actitudes que aparecen en algunas secuencias expositivas de estos apartados «sobre mí». Las descripciones personales se intensifican en un proceso de refuerzo de la imagen positiva, y se utilizan como argumentos válidos para justificar la eficacia o las buenas capacidades que tienen estos dueños de negocios en el desempeño de su profesión:

(27) Soy *incansable*, en serio, no sé de donde (*sic*) saco la energía. Hablo bastante rápido, y soy muy ejecutora. (Gemma Fillol).

(28) Los exhaustivos entrenamientos a los que siempre se ha sometido Perujo, así como *sus increíbles ganas de llegar a lo más alto* le han convertido en *un verdadero campeón*. (Iván Perujo).

(29) *Transgresor, Efervescente e irreverentemente honesto*, Romuald Fons te gustará o no, pero seguro que no te dejará indiferente. (Romuald Fons).

El uso de la tercera persona del singular en lugar de la primera (28, 29) da lugar a crear una mayor sensación de objetividad y da verosimilitud a lo descrito para lograr cierto refuerzo argumentativo. Además, también vemos que este refuerzo se

---

1. La negrita pertenece al texto original.

produce por el uso de diversos operadores de intensificación (Fuentes Rodríguez 2009), que potencian la expresividad del texto y manifiestan, al mismo tiempo, contenidos modales y emocionales del emisor: *en serio, bastante, muy, verdadero, seguro*.

Pero a pesar de que se potencien estos rasgos de la imagen personal, no significan que no se reivindiquen como profesionales. De hecho, resulta necesario para que no se diluya la relación comercial, para que el lector sepa los servicios o productos que le pueden ofrecer o para que no se pierda la proyección de la profesionalidad del dueño del negocio. La profesión propia sirve de argumento de autoridad y los emisores se erigen como fuente misma de validación de las tesis expuestas:

(30) Soy Carlota Iglesias, *psicóloga y terapeuta familiar especializada en infidelidades*. (Carlota Iglesias).
(31) Mi nombre es Lucia Galán Bertrand, *soy pediatra y escritora*. (Lucía Galán).
(32) Mi nombre es Rubén, soy *el responsable de este espacio* que tiene como objetivo desmitificar y simplificar las cosas dentro del trading y ayudarte a conseguir resultados realistas. (Rubén Martínez).

El resultado de la actividad argumentativa de estos textos es la alternancia continua entre lo más personal y emocional, y la autoridad de su imagen como profesional. Ambos tipos de argumentación se complementan, crean dos imágenes sociales (personal y profesional) que se combinan en una sola y se potencian mutuamente. Además, les permite adaptarse a diversos objetivos comunicativos, pues son capaces de utilizar la imagen que más convenga a su argumentación en cada momento del discurso. Mappeli (2019) analiza cómo Lucía Galán en Facebook se vale del cambio de los roles de pediatra, escritora/conferenciante y madre para crear diferentes relaciones interpersonales con su público, para elaborar actividades de autonomía y filiación que le sirvan a su imagen de marca. Pérez Béjar (2020) también observa que los cambios de roles en las redes sociales son beneficiosos en las empresas para potenciar ciertos valores positivos en las interacciones con sus clientes. Como se ve, la alternancia de roles en una identidad concreta resulta una estrategia rentable en la comunicación digital negocio-cliente, y ayuda a crear lazos de filiación con el cliente más estrechos que representando únicamente una de ellas. Es una estrategia argumentativa efectiva, que usa la emocionalidad de la imagen personal para acercarse y captar al cliente, al mismo tiempo que no se desprende de la autoridad que le da la imagen profesional para opinar y desempeñarse en su ámbito laboral.

5. La construcción macrosintáctica para la persuasión (publicitaria)

Más allá de los diversos recursos lingüísticos destinados a crear una imagen positiva y cercana de estos negocios, en los textos «sobre mí» se ponen en marcha otros que permiten construir y cohesionar los discursos en sí mismos. Estos recursos, a su vez, consiguen dotar a estos textos de un carácter argumentativo que los caracteriza y que permite definir la arquitectura lingüística general, pues todos los recursos discursivos se ponen al servicio de esta actividad persuasiva. A continuación, veremos tres fenómenos relevantes que se ponen en marcha para construir la estructura textual y potenciar la efectividad argumentativa de estos textos: la distribución de la información por párrafos, el uso de elementos coordinados y enumeraciones, y el refuerzo continuo a la aserción.

5.1. La distribución de la información por párrafos

En general, los estudios que describen el lenguaje publicitario y sus textos suelen destacar su brevedad (*cfr.* de los Ángeles 2005: 17; Rom Rodríguez y Sabaté López 2007: 26). La concisión también suele ser una recomendación para las declaraciones de misión propias del discurso corporativo (*cfr.* Negro Alousque 2019: 39). En cambio, los textos «sobre mí» pueden poseer cierta extensión y desarrollo que no se permite en otros textos publicitarios. Sin embargo, la distribución de la información en ellos suele presentarse en forma de párrafos breves y fáciles de procesar:

> (33) Respondía a lo que se esperaba de mí: compra mucho, come mucho, ten muchas cosas.
> Como si la energía y los materiales fueran infinitos. Como si lo importante estuviera fuera.
> Y en el mundo de la moda el esquema se repetía: llena tu armario, cambia cada temporada, sigue las tendencias.
> ¡Cuánto ruido! (Maldita María).
> (34) Frente a la necesidad de mantener económicamente a su familia, empezó a formarse en el ámbito del posicionamiento en buscadores, destacando rápidamente por sus resultados.
> En 2017, Fons fundó BIGSEO Agency, considerada como la agencia de SEO y marketing digital de referencia por la que han passado (*sic*) clientes internacionales como Danone, Amazon, Spotify, Glovo, Shopify o Custo Barcelona.
> Un año más tarde le seguiría BIGSEO Academy, de su deseo de ayudar a futuros emprendedores y evitar los disgustos y problemas del autoaprendizaje. Ya han pasado por sus cursos más de 100.000 alumnos. (Romuald Fons).

Como vemos en (33) y (34), no son extraños los párrafos breves de un único enunciado. Aun a riesgo de que la información quede más aislada y pueda potenciarse cierta escritura telegráfica, la redacción de párrafos cortos facilita la lectura y el procesamiento cognitivo de los textos. Si son demasiado extensos, el lector puede perder el interés y dejar de leer, o no procesar bien la información. Además, el uso de párrafos diferenciados para transmitir informaciones breves tiene otro efecto: la focalización de los argumentos. Al diferenciar ortotipográficamente los distintos fragmentos de información que funcionan como argumentos en el texto, se genera la sensación de que cada uno de ellos es importante o relevante para llegar a la conclusión final ('contrata mis servicios o compra mis productos'). Por tanto, más allá de que facilite el procesamiento en la lectura, es una estrategia que potencia la fuerza de los argumentos esgrimidos en el texto.

5.2. Elementos coordinados y enumeraciones

Otra de las características de la redacción y la caracterización discursivas de los textos «sobre mí» es la tendencia a la coordinación de elementos, o la aparición de duplicaciones o de enumeraciones más extensas de forma continua. Del Rey (2021) habla de «grupos léxicos paratácticos» en un análisis de las lenguas romances en la Edad Media y comenta que constituyen un fenómeno habitual en cualquier tipo de escritura elaborada. De esta forma, podría considerarse prácticamente un fenómeno estructural en la construcción del texto. Cortés (2023), por su parte, relaciona las «series enumerativas» en coordinación con un uso argumentativo, pues cumplen una función intensificadora de la argumentación. De este valor de potenciación de la fuerza argumentativa se van a aprovechar muchos tipos de textos publicitarios para mejorar su objetivo persuasivo. En Pérez Béjar (2023), se ve que estas enumeraciones y duplicaciones son muy comunes en los textos publicitarios de compromiso social, y se erigen, de nuevo, como un recurso estructural a la vez que funcionan como potenciador de la argumentación. En los textos «sobre mí» que analizamos encontramos los mismos valores:

(35) Maldita María nace de la necesidad de encontrar moda *bonita y respetuosa* con la vida, de la necesidad de rebelarse contra *el consumismo y la inmediatez*.
Esa rebeldía se transforma en la creación de faldas de edición limitada elaboradas con *mimo y dedicación*, que hablan de *mujeres, arte y emociones*. (Maldita María).

(36) IVÁN PERUJO presenta un trabajo *físico y psicomotriz* destinado tanto a cualquier persona que desee mejorar a título privado, como a deportistas profesionales, en especial futbolistas. Perujo es pionero en la introducción de los deportes de contacto en las rutinas de entrenamiento de *futbolistas y clubes de fútbol*. (Iván Perujo)

(37) No lo puedo evitar, soy un inconformista. Mis ganas de difundir *una alimenta-ción sana, sabrosa y divertida*, y mi presencia en las redes me ha costado más de una crítica. Es el precio que hay que pagar por cambiar paradigmas. Todo lo que hago, y todo lo que soy, se lo *debo a la cocina, y a vosotros*. Poco más puedo añadir. (Juan Llorca).

Ya se trate únicamente de dos elementos o una enumeración más extensa, la base para conseguir el efecto intensificador es la acumulación de elementos en coordinación que actúan como argumentos, por encima de que aporten informa-ción nueva o no. De hecho, a veces estas agrupaciones paratácticas se dan entre si-nónimos o elementos muy cercanos semánticamente, lo que se suele traducir en cierta redundancia informativa:

(38) Además, soy *formadora*, speaker y *mentora* de decenas de proyectos en feme-nino. Y *fundadora e impulsora* de la comunidad de mujeres emprendedoras y lí-deres EXTRAORDINARIA. (Gemma Fillol).

«Formadora» y «mentora» actúan como sinónimos, pues se refieren a la misma labor de formación de sus clientes. Del mismo modo, el ser «fundadora» de un grupo conlleva ser su «impulsora». ¿Resulta necesario estas coordinaciones de ele-mentos con el mismo referente? Desde el plano informativo, pueden considerarse informaciones irrelevantes, pero no desde el argumentativo. La propia acumula-ción de elementos es suficiente para causar en el receptor una sensación de fuerza que incrementa el efecto persuasivo del texto.

5.3. El refuerzo de la aserción y la potenciación argumentativa

Al argumentar, el aumento del grado de aserción parece que se convierte en un fe-nómeno de obligada aparición. Usar un alto grado de aserción, entendida como el grado de compromiso del hablante ante lo dicho (Fuentes Rodríguez 2004), au-menta la eficacia argumentativa porque transmite seguridad en lo dicho y otorga confianza a los receptores, que interpretan que el emisor sabe de lo que habla. La aserción suele relacionarse con la llamada *modalidad epistémica* (cfr. Palmer 1986), cuyo sentido se asocia al grado de conocimiento de los hablantes sobre la realización de un hecho concreto. Un análisis de recursos como la modalidad de frase, ciertos operadores modales o construcciones discursivas nos permiten obser-var cómo todos se orientan a ofrecer un alto grado de aserción en las informacio-nes que constituyen argumentos para confiar en los servicios del negocio:

(39) *Los traumas vuelven si no te liberas de ellos*. (Carlota Iglesias).

(40) Después de 16 años volcada de lleno en el mundo de la comunicación estraté-gica, *puedo afirmar que la emoción es la piedra angular para crear marcas que im-pacten y que generen un vínculo genuino con tu audiencia.* (Gemma Fillol).

(41) Dado que los resultados son lo verdaderamente importante, la contratación de un Personal Trainer también lo es. *No olvidemos que el entrenador personal es el profesional que nos guía, pero que el esfuerzo y el sacrificio, son imprescindibles para obtener la meta propuesta.* (Iván Perujo).

(42) Si me conoces *sabrás que todo lo que digo me gusta argumentarlo con datos.* Tra-bajo sólo con sistemas que son rentables en el tiempo y documento lo que voy aprendiendo. (Rubén Martínez).

Oraciones con modalidad enunciativa (39), ciertos verbos del decir como *afir-mar* (41) y construcciones de refuerzo a la aserción como *no olvidemos que* (42) o *sabrás que* (43) transmiten una sensación de gran seguridad y compromiso con lo dicho, con la argumentación llevada a cabo. La aserción es la manera que tienen es-tos emisores de mostrar que son competentes en su ámbito y que tienen autoridad para efectuar recomendaciones específicas en él. De este modo, consiguen refor-zar también la confianza que los lectores depositan en ellos y que puedan conver-tirse en sus clientes. El uso de elementos que refuerzan la aserción es continuo en el texto, y un gran número de enunciados posee esta modalidad enunciativa. Se convierte, así pues, en un fenómeno estructural del texto, pues el emisor no puede dudar de las informaciones que da si quiere transmitir confianza a sus clientes.

Conclusiones

Los negocios basados en marca personal hacen un amplio despliegue de activida-des discursivas en diversos ámbitos para crear una imagen de marca reconocible y que permita generar confianza en sus potenciales clientes. En general, esta imagen de marca se basa en la conjunción del rol profesional y personal en uno solo. Lo per-sonal permite mejorar la identificación de ese negocio de otros del mismo ámbito y genera una comunicación cercana con sus lectores a pesar de la distancia física y so-cial que pueda haber entre emisor y receptor. En la comunicación digital, la incorpo-ración de la imagen personal permite compensar la falta de trato directo y la falta de información que podemos obtener fácilmente en la conversación cara a cara.

Las páginas «sobre mí» en los sitios web de los negocios de marca personal son un ejemplo paradigmático de esta actividad discursiva destinada a la conjunción de las dos imágenes. Son apartados de gran relevancia en la construcción de la marca personal y constituyen un espacio en los que los dueños de los negocios pueden de-sarrollar mejor la presentación de su empresa ante el público. Si consiguen crear una imagen bien considerada ante el público general, esta puede usarse de argumento para vender sus productos y servicios, lo que permite integrar estos textos en el género publicitario además del corporativo.

Los recursos para la construcción de estos textos «sobre mí» se pueden dividir en dos grupos interrelacionados: los que están orientados a la construcción de la imagen de marca, y los que se orientan a la construcción discursiva y la organización de las informaciones y los argumentos. Desde el marco que nos ofrece el modelo de análisis textual de la lingüística pragmática, se puede comprobar cuáles son los recursos y estrategias más relevantes en uno y otro grupo. En el primero encontramos principalmente la coloquialización del discurso y el uso de argumentos basados en la emocionalidad. Ambos permiten la conjunción de la imagen profesional con la personal, pues intensifican el carácter propio de las situaciones comunicativas de alta inmediatez, como la expresividad, la emocionalidad o el tratamiento informal y cercano propio del coloquio. En el segundo grupo, encontramos tres características que afectan a la configuración de los distintos planos del discurso, principalmente, del informativo y del argumentativo. Estas son la constitución de párrafos breves, la tendencia a la coordinación de elementos y el uso de enumeraciones, y el refuerzo de la aserción en lo dicho. La primera permite un procesamiento eficaz de la información a la vez que permite focalizar aquella que se considera más relevante; los segundos se orientan a intensificar los argumentos que poseen, en última instancia, un fin comercial.

Con este estudio, esperamos haber arrojado luz sobre cómo este tipo de negocios basados en marca personal construye su discurso como actividad de imagen y les permite orientar su argumentación para captar clientes y ganarse su confianza. Es necesario, en cualquier caso, continuar investigando más contextos en los que estos emprendedores ejercen su actividad discursiva y empresarial, para conseguir una imagen global de sus estrategias comunicativas en sus respectivos mercados. Como creemos haber demostrado en este estudio, modelos de análisis textual como la lingüística pragmática y la macrosintaxis se muestran rentables para entender el funcionamiento y el ejercicio de esta actividad discursiva, y puede ser aplicado a muchos otros entornos.

Referencias bibliográficas

Adam, Jean-Michel (2004): *Linguistique textuelle. Des genres de discours aux textes.* Paris: Nathan.

Alcaide Lara, Esperanza R. (1999): «Las intervenciones parlamentarias: ¿lengua hablada o lengua escrita?». *Anuario de Estudios Filológicos*, 22 (9): 9-36.

Andrés Castillo, David (2011): *Estudio tipológico y textual de los textos publicitarios.* Tesis Doctoral. Universidad de Salamanca.

Bravo, Diana (1999): «¿Imagen "positiva" vs. Imagen "negativa"?: Pragmática socio-cultural y componentes de *face*». *Oralia: Análisis del discurso oral*, 2: 155-184.

Bravo, Diana (ed.) (2005): *Estudios de la (des)cortesía en español. Categorías conceptuales y aplicaciones a corpora orales y escritos*. Buenos Aires: Editorial Dunken.

Brenes Peña, Ester (2021): «Mujeres directivas: estrategias argumentativas y actividades de gestión de la imagen social». *CLAC*, 86: 93-110. https://dx.doi.org/10.5209/clac.74077

Briz, Antonio (2014): «Hablar electrónicamente por escrito». *CHIMERA. Romance Corpora and Linguistic Studies*, 1: 77-89.

Brown, Penelope y Levinson, Stephen C. (1987): *Politeness: Some Universals in Language Usage*. Cambridge: Cambridge University Press.

Cortés Rodríguez, Luis (2020): «La serie enumerativa como elemento intensificador en el discurso político». En María Elena Placencia y Xose A. Padilla (eds.), *Guía práctica de pragmática del español*. London / New York: Routledge, 175-184.

De los Ángeles, Juan (2005): «Aproximación al fenómeno de la publicidad. Los profesionales de la publicidad y la escritura publicitaria». En M. V. Romero (coord.), *Lenguaje publicitario. La seducción permanente*. Barcelona: Ariel, 13-24.

Del Rey, Santiago (2021): *Grupos léxicos paratácticos en la Edad Media romance. Caracterización lingüística, influencia latinizante y tradicionalidad discursiva*. Bern: Peter Lang.

Duque, Eladio (2021): «Oralidad e imagen en el discurso publicitario de las redes sociales». *Oralia*, 24 (2): 237-261.

Fuentes Rodríguez, Catalina (2004): «Enunciación, aserción y modalidad. Tres clásicos». *Anuario de Estudios Filológicos*, XXVII: 121-145.

Fuentes Rodríguez, Catalina (2009): *Diccionario de conectores y operadores del español*. Madrid: Arco Libros.

Fuentes Rodríguez, Catalina (2013): «La gramática discursiva: niveles, unidades y planos de análisis». *Cuadernos AISPI*, 2: 15-36.

Fuentes Rodríguez, Catalina (2014): «*Salvados* por la descortesía estratégica». *Revista de Filología de la Universidad de La Laguna*, extra 32: 99-124.

Fuentes Rodríguez, Catalina (2017 [2000]) *Lingüística pragmática y análisis del discurso*. Madrid: Arco Libros. 3.ª edición.

Fuentes Rodríguez, Catalina (2017): «Macrosintaxis y lingüística pragmática». *CLAC*, 71: 5-34.

Fuentes Rodríguez, Catalina y Gutiérrez Ordóñez, Salvador (2019): *Avances en macrosintaxis*. Madrid: Arco Libros.

Goffman, Erving (1956): «On Face Work». *Psychiatry,* 18 (3): 213-231.

González Sanz, Marina y Pérez Béjar, Víctor (2018): «Susana Díaz: el discurso de una mujer presidenta». En C. Fuentes Rodríguez (coord.), *Mujer, discurso y parlamento*. Sevilla: Alfar, 41-103.

González Sanz, Marina y Pérez Béjar, Víctor (2019): «Presentación». En Marina González Sanz y Víctor Pérez Béjar (eds.), *ELUA: Macrosintaxis en construcción*, Anexo VI: 7-8.

Gutiérrez Ordóñez, Salvador (1997): *Comentario pragmático de textos publicitarios*. Madrid: Arco Libros.

Hernández Toribio, M.ª Isabel (2021): «Introducción. Oralidad y publicidad». *Oralia*, 24 (2): 207-234.

Hernández Toribio, M.ª Isabel y Mariottini, Laura (2019): «Persuasión emocional, argumentación y publicidad». En María Elena Placencia y Xosé Padilla (eds.), *Guía práctica de pragmática del español*. London: Routledge, 196-205.

Hernández Toribio, M.ª Isabel y Vigara Tauste, Ana María (2007): «Lenguaje coloquial juvenil en la publicidad de radio y televisión». *Revista de Estudios de Juventud,* 78: 141-159.

Koch, Peter y Oesterreicher, Wulf (2007 [1990]) *Lengua hablada en la romania: español, francés, italiano* (trad. y ed. Araceli López Serena). Madrid: Gredos.

Lidsky, David (2005): «Me Inc.: the Rethink». *Fast Company*. https://www.fastcompany.com/55257/me-inc-rethink

López Eire, Antonio (2003): *La retórica en la publicidad*. Madrid: Arco Libros.

Mancera Rueda, Ana y Pano Alamán, Ana (2013): *El español coloquial en las redes sociales*. Madrid: Arco Libros.

Mancera Rueda, Ana y Pano Alamán, Ana (2021): «La coloquialización del discurso publicitario en Twitter como estrategia de marca». *Oralia*, 24 (2): 263-291.

Mapelli, Giovanna (2019): «Actividades de imagen en las páginas Facebook de pediatras españoles: el caso de «Lucía, mi pediatra»». *Pragmática sociocultural*, 7 (1): 43-69. https://doi.org/10.1515/soprag-2019-0012

Mapelli, Giovanna y Piccioni, Sara (2019): «Deíxis y actividad de imagen en blogs de pediatría españoles». *Español actual*, 112: 49-85.

Méndez García de Paredes, Elena (2019): «La oralidad coloquial de *La colmena*». *Oralia*, 22 (2): 347-390.

Narbona Jiménez, Antonio (2007): «Cuando lo coloquial se convierte en literario». A. Puigvert Ocal e I. Delgado Cobos (coords.), *Ex admiratione et amicitia. Homenaje a Ramón Santiago*. Madrid: Ediciones del Orto, 849-858.

Negro Alousque, Isabel (2019): «Persuasive Strategies in Mission Statements». *CLAC*, 80: 37-50. https://dx.doi.org/10.5209/clac.66599

Padilla Herrada, M.ª Soledad (2022): «La publicidad encubierta en el mundo de las *influencers*». En Catalina Fuentes Rodríguez (coord.), *Argumentación y discursos*. Madrid: Arco Libros, 185-202.

Palmer, Frank Robert (1986): *Mood and Modality*. Cambridge: Cambridge University Press.

Peters, Tom (1997): «The Brand Called You». *Fast Company*, 10 (10): 83-90. https://www.fastcompany.com/28905/brand-called-you

Pérez Béjar, Víctor (2014): «Identidad grupal e individual en Twitter». *Discurso & Sociedad*, 8 (3): 482-506.

Pérez Béjar, Víctor (2020): «Cambios y superposiciones de imágenes en el discurso de las empresas en las redes sociales». En Marina González Sanz, Catalina Fuentes Rodríguez y Ester Brenes Peña (eds.), *(Des)cortesía, actividades de imagen e identidad*. Sevilla: Universidad de Sevilla.

Pérez Béjar, Víctor (2023) «Macrosintaxis del discurso publicitario de compromiso social». *Cultura, lenguaje y representación*, 31: 169-187.

Pérez Béjar, García Pérez, José y Mata Núñez, Almudena (2021): «El discurso del villano: Alicia Sierra en *La casa de papel*». En C. Fuentes Rodríguez (coord.), *Argumentación y discursos*. Madrid: Arco Libros, 149-181.

Pérez Ortega, Andrés (2008): *Marca Personal: cómo convertirse en opción preferente*. Madrid: ESIC Editorial.

Poch Olivé, Dolors y Alcoba, Santiago (2011): *Cortesía y Publicidad*. Barcelona: Ariel.

Rey Quesada, Santiago del (2019): «Variantes de la *oralidad elaborada* en la segunda mitad del siglo XIX: dos traducciones coetáneas de *Los cautivos* de Plauto». *Oralia*, 22 (2): 283-326.

Robles Ávila, Sara (2004): «La recreación de lo coloquial en el español de la publicidad». *Analecta Malacitana*, 27/2: 541-586.

Robles Ávila, Sara (2010): «Texto y discurso en la publicidad comercial: estudio de las secuencias textuales de los anuncios por sectores». En Sara Robles Ávila y María Victoria Romero Gualda (eds.), *Publicidad y lengua española: un estudio por sectores*. Sevilla: Comunicación Social, 114-149.

Robles Ávila, Sara (2019): «La publicidad en Twitter: rasgos coloquiales de un mensaje directo al consumidor». En Rosa Romojaro Montero (ed.), *Las humanidades en el mundo digital – El mundo digital en las humanidades*. València: Tirant lo Blanch, 181-204.

Rom Rodríguez, Josep y Joan Sabaté López (2007): *Llenguatge publicitari: estratègies i creativitat publicitries*. Barcelona: UOC.

Roulet, Eddy (1991): «Vers une approche modulaire de l'analyse du discours». *Cahiers de Linguistique Française*, 12: 53-81.

Roulet, Eddy (1997): «A Modular Approach to Discourse Structures». *Pragmatics*, 7 (2): 125-146.

Roulet, Eddy, Laurent Filliettaz y Anne Grobet (2001): *Un modèle et un instrument d'analyse de l'organisation du discours*. Bern *et al.*: Peter Lang. Con la colaboración de Marcel Burger.

Wenz, Kathrin (2017): «Online Text Types». En Kristina Bedijs y Christiane Maaß (eds.), *Manual of Romance Languages in the Media*. Berlin / Boston: De Gruyter, 94-109.

Yus, Francisco (2010): *Ciberpragmática 2.0*. Barcelona: Ariel.

Webgrafía del corpus[2]

Fillol, Gemma (s. f.) *Gemma Fillol*. https://gemmafillol.com/

Fons, Romuald (s. f.) *Romuald Fons*. https://romualdfons.com/

Galán, Lucía (s. f.) *Sobre mí*. Lucía, mi pediatra. https://www.luciamipediatra.com/sobre-mi/

Llombart, Silvia (2018): *Sobre mí*. Carlota Iglesias. https://www.carlotaiglesias.net/sobre-mi/

Llorca, Juan (s. f.) *Sobre mí*. Juan Llorca. https://juanllorca.com/sobre-mi/

Maldita María (s. f) *Maldita María*. https://modaimpactopositivo.com/slowfashion-marcas-ropa-ecologica-online/maldita-maria/

Martínez, Rubén (s. f.) *Quién soy*. Rubén Martínez, Trading algorítmico. https://rubenmartinezes.com/quien-soy/

Milián, Irene (s. f.) *Irene Milián*. https://irenemilian.com/

Perujo, Iván (s. f.) *Presentación*. Iván Perujo. Fitness Stories. https://ivanperujo.es/ivanperujo-entrenador-personal-famosos/

Sancho, Germán (s. f.) *Germán Sancho*. https://germansancho.com/

---

2. Todas las páginas web de esta sección fueron consultadas por última vez en agosto de 2022.

Capítulo 4
Lo importante y *lo interesante*
en la praxis argumentativa[*]

José García Pérez
Universidad de Córdoba

1. Introducción

En Fuentes Rodríguez (2014) se estudia la gramaticalización de *lo que es más* y el proceso de fijación iniciado en *lo que es mejor* y *lo que es peor*. En todos los casos se trata de relativas libres con antecedente oracional (Fuentes Rodríguez 2014: 105; RAE-ASALE 2010: § 44.3.2d) que han experimentado un proceso de desgaste semántico o *semantic bleaching* por el que han adquirido un significado procedimental relacionado con la jerarquización argumentativa de la información, convirtiéndose así en operadores discursivos de tipo argumentativo.

En el caso concreto de *lo que es más*, la fijación se ha producido a partir de su aparición en la estructura de relativa libre «*lo que es más* + adjetivo o adjunto», usada por el hablante para introducir evaluaciones. Esta estructura de relativa libre empieza a usarse sin el adjetivo y se pierde el cometido valorativo, de tal manera que el semantismo de *más* es utilizado para establecer el elemento al que acompaña en una parte superior de la escala de argumentos que se expresan en el texto, tal y como ocurre en los siguientes ejemplos:

> (1) Sin duda, estamos en medio de una campaña presidencial y esas promesas
> podrían ser archivadas posteriormente en favor de preocupaciones políticas

---

* Este trabajo se inscribe dentro del proyecto P18-FR-2619 «Macrosintaxis del discurso persuasivo: construcciones y operadores», financiado por la Junta de Andalucía y fondos FEDER (IP: Catalina Fuentes Rodríguez y María Ester Brenes Peña), así como del proyecto concedido por el Ministerio de Ciencia e Innovación y la Agencia Estatal de Investigación «Las relaciones en la construcción del discurso: un enfoque multidimensional» (ReDisC PID2021-122115NB-I00; IP: Catalina Fuentes Rodríguez).

inmediatas más apremiantes como sucedió durante el gobierno de Clinton. *Lo que es más*, los latinoamericanos han aprendido de Clinton que las promesas del Presidente de Estados Unidos no necesariamente significan que el resto de los políticos del país, especialmente en el Congreso, puedan ser convencidos de cumplirlas. (CREA, 2000, tomado de Fuentes Rodríguez 2014: 111).

(2) Toda esta tecnología ha generado grandes expectativas dentro de la arquitectura, ingeniería y demás ramas afines porque ha permitido a estos profesionales tener una visión real de lo que podría ser un proyecto, y *lo que es más*, permite que sus clientes puedan ver o manipular de la forma más real posible su futura propiedad, y no tener que tratar de leer, o interpretar planos arquitectónicos que en muchos casos pueden ser demasiado complicados para el común de la gente. (CREA, 2003, tomado de Fuentes Rodríguez 2014: 112).

Comprobamos que, en ambos casos, *lo que es más* ocupa posiciones «extraoracionales» que solo pueden explicarse si se lo considera un elemento con función discursiva. En efecto, en (1), tal y como indica la propia Fuentes Rodríguez (2014), aparece conectando dos enunciados, «which is the context in which a discourse marker tipically occurs» (2014: 111). Por otro lado, en (2) lo encontramos en posición parentética, introduciendo un comentario sobre el lugar en la escala argumentativa que ocupa el elemento sobre el que incide.

Por nuestra parte, nuestra investigación pretende ocuparse del desempeño de esa misma función de jerarquización argumentativa en el caso de los adjetivos *importante* e *interesante* cuando aparecen en un segmento muy próximo a los analizados por Fuentes Rodríguez (2014): *lo (más) importante* y *lo (más) interesante*, tal y como explicaremos en el siguiente apartado.

2. Objetivos

2.1. La estructura <*lo* + adjetivo + verbo copulativo + oración>

Esta estructura, si bien es cercana en disposición formal a las perífrasis de relativo, estructuras hendidas o ecuacionales, no son exactamente iguales. Así, compárese entre *Lo que es importante es que vengas*, procedente de un resalte informativo del atributo de *Es importante que vengas*, con a *Lo importante es que vengas*, donde no tenemos el mismo medio de resalte informativo anterior.

En el caso de esta última estructura, con cometido valorativo (DeMello 1999), consideramos que estamos ante un tipo de las denominadas copulativas ecuativas (Moreno Cabrera 1983; Gutiérrez Ordóñez 1986: 45-48), en las que semánticamente se expresa una identificación entre los dos elementos unidos por el verbo copulativo.

Por otro lado, como el semantismo de *lo* en español no es unívoco, es necesario especificar que, en la estructura que nos ocupa, estamos ante el que Bosque Muñoz y Moreno Cabrera (1990) llaman *lo* individuativo, que «tiene como rango un conjunto de entidades no humanas» (1990: 20).

Así, en *Lo importante es que ha pedido perdón* hay una identificación entre *ha pedido perdón* y el conjunto de las cosas que son importantes, de tal manera que el hablante expresa que el hecho de que alguien haya pedido perdón es lo que debe considerarse como importante en el asunto en cuestión. Esto argumentativamente tiene su justificación si, por ejemplo, en la interacción los participantes están exponiendo puntos de vista diferentes u opuestos y quieren que el suyo sea el aceptado[1].

Nuestro objetivo con este trabajo es paralelo al de Fuentes Rodríguez (2014), pues pretendemos demostrar cómo el segmento encargado de la valoración en estas estructuras ecuativas (<*lo* + adjetivo>) puede asumir también un papel en la jerarquía informativa y argumentativa del texto, en el caso concreto de los adjetivos *importante* e *interesante*.

2.2. *Importante* e *interesante*: dos adjetivos, varios cometidos

La elección de estos dos adjetivos no es aleatoria, sino que obedece a dos razones. Por un lado, el semantismo de estos adjetivos no se agota en el ámbito de la modalidad axiológica o valorativa (VV. AA. 2008: *s. v.* modalidad), sino que también pueden expresar un significado deóntico, tal y como hemos puesto de manifiesto en García Pérez (2022). Se trataría de ejemplos como los siguientes:

(3) Recuerda lavar tus dientes 10 minutos después de cada comida con el fin de eliminar los restos que quedaron acumulados y evitar el sarro o las caries. También *es importante cambiar el cepillo de dientes cada tres meses y visitar al dentista dos veces al año para mantener una dentadura sana*. (CORPES XXI, 2021, México).

(4) Sabemos que ha tenido usted algunos reveses últimamente por problemas de la revolución en su país. Cuando estuve allá, tuve tiempo para asesorarme. Colombia se encuentra en una situación económica difícil debido a la ineficacia del gobierno. Carece de suficiente moneda metálica y en esas condiciones, *sería interesante iniciar una institución bancaria con los fondos que usted cuenta*. (CDH, 1995, Costa Rica).

---

1. Para un estudio y caracterización más amplia de este tipo de enunciados, véase García Pérez (2023a).

Así, ante estas observaciones, queremos seguir indagando en las posibilidades que estos dos adjetivos tienen desde el punto de vista discursivo. Por otra parte, la elección de estos dos adjetivos obedece a las consideraciones que Fuentes Rodríguez (2014) hace de *importante* en su estudio sobre <*lo que es más* + adjetivo o adjunto>.

En efecto, señala esta autora que, de todos los adjetivos que aparecen en esta estructura de relativo, *importante* es el que mayor número de casos presenta (2014: 107). Al mismo tiempo, también se percata de que con *importante* el hablante no lleva a cabo una evaluación, sino que utiliza este adjetivo para jerarquizar la información que se está enunciando:

> This adjective [omito nota] evokes a more generic content of higher-scale evaluation or informative relevance. A first stpe in the process of generalization of meaning may therefore be from evaluation of the content of the sentence (*curioso, triste, interesante, alucinante…*), marking the subjectivity (emotion, appraisal) of the speaker, to the relevance of the information (*importante*). The focus changes from speaker/writer to the information the text conveys. (Fuentes Rodríguez 2014: 107).

Por todo lo anterior, hemos decidido detenernos en observar el comportamiento de *lo importante* y *lo interesante* para dirimir si estas secuencias desempeñan un cometido procedimental relacionado con la jerarquía informativa y argumentativa del texto. Para ello, utilizamos la perspectiva pragmática como metodología y nos hemos servido de los testimonios de un corpus, tal y como exponemos en el siguiente apartado.

3. Metodología y corpus

Nuestro estudio es de carácter pragmático y parte del modelo de Lingüística pragmática de Fuentes Rodríguez (2015 [2000]), que entiende la pragmática no como un nivel distinto de la lingüística (por encima del semántico), sino como una perspectiva desde la que abordar el quehacer gramatical, identificando aquellos elementos que la propia lengua tiene para revelar la inscripción del contexto en el que se usa.

Para ello, Fuentes Rodríguez (2015 [2000]) divide el análisis lingüístico en tres partes: la microestructura, la macroestructura y la superestructura. La primera hace referencia a todos los fenómenos estudiados por la lingüística tradicional (fonética y fonología, morfología, sintaxis (oracional), léxico-semántica); la macroestructura engloba todas las unidades, mecanismos y construcciones que dan cuenta del contexto y queda vertebrada en cuatro planos: el modal y el enunciativo (referidos al hablante), por un lado, y el informativo y el argumentativo (referidos al oyente), por otro. Por último, ambas, micro y macroestructura, están condicionadas por la superestructura o género textual[2].

Nuestro estudio se centra, pues, en el ámbito macrosintáctico, en tanto que buscamos determinar si *lo importante* y *lo interesante* están teniendo una función en la jerarquización informativa y argumentativa del texto. Esta incidencia en dos planos, el argumentativo y el informativo, se debe a la posible multidimensionalidad de los elementos que operan en la macroestructura (Fuentes Rodríguez 2017: § 4.3; López Martín 2019; García Pérez 2019, 2020, 2021).

En cuanto al corpus, hemos partido de los testimonios que ofrece el CORPES XXI. Para obtener los resultados, hemos introducido las formas *lo* e *importante/interesante* con un intervalo 2 para que pudieran aparecer los modificadores que puede tener el adjetivo. El rango temporal fue de 2017 a 2021, los últimos cinco años y restringimos diatópicamente la muestra al español de España para que fuese más manejable.

4. Resultados

Los resultados ofrecidos por el corpus académico confirman nuestra hipótesis inicial acerca del comportamiento macrosintáctico que tienen *lo importante* y *lo interesante*, pues comprobamos que ambos aparecen en distribuciones «extraoracionales» como los enunciados parentéticos o los márgenes del enunciado, tanto en el izquierdo como en el derecho.

En la Tabla 1 se muestran los resultados:

Tabla 1. Relación de casos obtenidos de <*lo* + *importante/interesante*>

lo + adjetivo	Distribución	Casos
lo importante	Parentética	36 / 787
	Margen izquierdo	17 / 787
	Margen derecho	8 / 787
lo interesante	Parentética	5 / 127

---

2. El modelo de Fuentes Rodríguez (2015 [2000]) no se agota con la distinción entre micro, macro y superestructura y los cuatro planos que vertebran la segunda, sino que también ofrece un sistema de unidades (enunciado → intervención → intercambio → párrafo o periodo → secuencia → texto) que no se han mencionado porque no tienen que ver con el cometido de este trabajo; para una aplicación de este sistema de unidades, véase García Pérez (2023b).

El número de casos de *interesante* con este cometido procedimental es inferior al de *importante*, algo que también nos sucedió en García Pérez (2022) cuando abordamos su comportamiento deóntico. También es menor la versatilidad sintáctica de este adjetivo con *lo* respecto de *importante*. No obstante, nuestro acercamiento al comportamiento de estos elementos es eminentemente cualitativo y no cuantitativo, de tal manera que nuestro objetivo reside en delimitar y explicar la capacidad que tienen de jerarquizar argumentativamente la información.

Por último, también nos parece destacable el hecho de que la mayoría de los testimonios (57/61 en *importante* y 5/5 en *interesante*) presentan el modificador *más*, lo cual contribuye a marcar el paralelismo con las estructuras estudiadas por Fuentes Rodríguez (2014). En este co(n)texto, se presenta como un operador argumentativo que «modifica a cualquier elemento: sustantivo, adjetivo [en este caso], verbo, adverbio, formando un sintagma que se sitúa en una posición superior de la escala» (Fuentes Rodríguez 2009: 210).

4.1. Enunciados parentéticos

La distribución sintáctica que más casos presenta <*lo + importante/interesante*> es la aparición en un enunciado parentético. Se trata de un tipo de enunciados que, como explica Fuentes Rodríguez (2018), se inserta dentro de otro, denominado «base» o «host», rompiendo su linealidad. El locutor se desdobla en dos enunciadores e introduce, con el enunciado parentético, algún contenido de tipo pragmático (formulación, reformulación, comentarios modales) sobre el enunciado base. Esquemáticamente, Fuentes Rodríguez (2018) lo ilustra como aparece en la Figura 1:

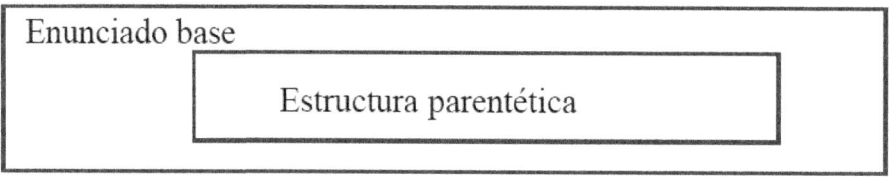

Figura 1. Esquema de la relación parentética entre enunciados

Sintácticamente, esa relación puede explicarse en términos de Discurso-Metadiscurso, una función que en Fuentes Rodríguez (2018) es descrita del siguiente modo:

El metadiscurso presupone el discurso sobre el que establece indicaciones de procesamiento. Pero su presencia es optativa. Constituye una estructura relacional, una posibilidad constructiva entre dos enunciados de manera que frente a dos enunciados secuencialmente ordenados, estos establecen una relación en un segundo plano (la de comentario) (Fuentes 2018: 229).

En nuestro caso, se trataría de ejemplos como los siguientes:

(5) Al final del camino se encuentra tu bienestar y, *lo más importante*, tu autoconocimiento. Habrás adquirido nuevos hábitos y tu manera de ver la vida será distinta. (CORPES XXI, 2017, España).

(6) Ada decidía dónde gastar dinero, qué ciudad había que visitar, a quién llamar, a quién enviar un correo, y, *lo más importante*, cuándo hacerlo. (CORPES XXI, 2019, España).

(7) «Con la estrategia que hemos seguido desde que empezamos a trabajar, se ha conseguido que los profesionales hagan cambios prácticamente sin darse cuenta. El aprendizaje ha sido muy natural y *por último y quizás lo más importante*, es que les ha resultado muy útil», ha declarado Irene Nuñez, Digital & Cultural transformation en Telefónica Business Solutions. (CORPES XXI, 2019, España).

Los tres testimonios dan cuenta del contexto de aparición más frecuente de estos segmentos: la enumeración. En efecto, cuando el hablante formula una enumeración, es consciente de que todos los miembros de esa enumeración se entienden como un grupo de elementos que pertenecen del mismo modo o en el mismo grado a un mismo conjunto o fenómeno, de ahí la razón de su enumeración, de su literal aparición de unos junto a otros en el texto. Así, en (5) hay dos fenómenos que se encuentran «al final del camino»: «tu bienestar» y «tu autoconocimiento»; en (6), entre las cosas que decidía la persona a la que se alude estaban «dónde gastar dinero», «qué ciudad había que visitar», «a quién llamar», «a quién enviar un correo» y «cuándo hacerlo»; por último, en (7) se ponen de manifiesto las tres consecuencias que ha producido la adopción de una determinada estrategia: que «los profesionales hagan cambios prácticamente sin darse cuenta», que «el aprendizaje ha sido muy natural» y que «el resultado ha sido muy útil».

No obstante, la intención del hablante en testimonios como los expuestos no es solo hacer referencia a la nómina de elementos que describen o explican un determinado fenómeno, sino que, al mismo tiempo, el locutor tiene la intención de expresar que los componentes de esas enumeraciones no tienen para él la misma relevancia argumentativa, de tal manera que entre ellos existe una jerarquía según la cual el último de los miembros de las tres enumeraciones presentadas es el más destacado para explicar o justificar el tratamiento del asunto en cuestión que las motiva.

Esto lo consigue el hablante con la enunciación de *lo (más) importante* y *lo (más) interesante*. Como hemos comentado en § 1, Fuentes Rodríguez (2014: 107) señalaba que, en el caso de *lo que es más importante*, a diferencia de otros adjetivos valorativos, se produce un cambio que va desde la expresión de lo que al hablante le suscita un determinado hecho (vg. *triste, curioso, alucinante*[3]) a la gestión de la estructura informativa y argumentativa que el hablante hace del contenido que verbaliza en el texto.

Por su semantismo, en este contexto de aparición con *lo*, estos dos adjetivos tienen la capacidad de incidir no tanto en el plano modal sino en el argumentativo y el informativo, en tanto que sirven para indicar que el elemento sobre el que inciden es el que más fuerza argumentativa tiene de entre todos los expuestos del conjunto en el que se inscribe. Así, por un lado tenemos un efecto en el plano argumentativo por la escalaridad de unos argumentos sobre otros y, por otro, un resalte informativo debido a que se establece una jerarquía entre informaciones que tienen la misma justificación de aparición en el texto.

Sintácticamente, lo anterior se materializa, como hemos expuesto, a través de un enunciado parentético con el que, en este caso, el locutor rompe interrumpe la linealidad de la enumeración para introducir una marca, un nuevo enunciado, que indique que uno de los elementos, el último, es para él más relevante que los otros desde el punto de vista argumentativo.

Por último, el carácter macrosintáctico de estas secuencias de *lo (más) importante/interesante* también se hace patente por el hecho de que encontramos casos de coordinación con otros elementos que funcionan en la macroestructura del texto, como los conectores discursivos (Fuentes Rodríguez 2003, 2009), tal y como se expone en los dos siguientes casos con *interesante*:

> (8) Al reclamar para la educación una metodología integral, se está mencionando implícitamente la existencia de un mundo en el que se destacan los valores humanos, junto a los estrictamente científicos. *Finalmente, y tal vez lo más interesante*, la metodología lúdica eleva el juego, la alegría y el humor al rango de instrumentos educativos. (CORPES XXI, 2017, España).
>
> (9) Y, *por último, y tal vez lo más interesante*, habrá que reflexionar si la Unión deberá seguir aplicando lo que Van Middelaar llama «la política de la regla» o si la Unión debería seguir una estrategia más realista. En definitiva, los europeos deberán progresivamente optar entre la defensa de sus valores o la de sus intereses. (CORPES XXI, 2020, España).

Sin embargo, no es este el único hueco (macro)funcional en el que encontramos este segmento de *lo (más) importante/interesante* con este cometido

---

3. También incluía en su nómina de valorativos a *interesante*, que nosotros, en este trabajo, estamos considerando junto con *importante* con este cometido de jerarquizar argumentativamente la información, con base a lo observado en García Pérez (2022) sobre el comportamiento deóntico que también ambos presentan.

jerarquizador argumentativo, pues en nuestro corpus también hemos identificado su presencia en los márgenes del enunciado.

4.2. En los márgenes del enunciado

Uno de los fenómenos que mejor revelan la existencia y, a su vez, la justificación de la distinción entre microestructura y macroestructura es la constatación que la investigación pragmalingüística ha conseguido sobre los márgenes del enunciado. En efecto, se ha visto la necesidad de superar los límites oracionales y dar cabida a aquellos elementos que, teniendo también unas leyes combinatorias, no encajan en las categorías ni complementos del sujeto y del predicado. Se trata sobre todo de unidades y construcciones que inciden sobre la totalidad de la oración y que la gramática tradicional había parcialmente vislumbrado con la identificación de lo que comúnmente se han denominado «ablativos o construcciones absolutas». Pero también caben en esta función de incidir sobre todo el contenido proposicional o *dictum* otras unidades y construcciones que revelan la inscripción del contexto en el que se inserta el enunciado.

Así, partir del enunciado como unidad mínima de la comunicación compuesto tanto por una microestructura (contenido proposicional lingüísticamente dispuesto según las funciones/huecos y relaciones de la sintaxis oracional) y una macroestructura (contenido procedimental lingüísticamente dispuesto según las funciones/huecos y relaciones de la sintaxis discursiva) nos permite delimitar testimonios como los siguientes:

(10) a trazos imprecisos de un color marrón extraño. ¡Era sangre, sangre seca! Lo identificaba bien porque tenía el mismo aspecto y textura que cuando de pequeña le sangraba la nariz por la noche y se enteraba, a la mañana siguiente, al encontrarse las sábanas llenas de manchas secas. Y *lo más importante*: ¡Era la letra de Celia! Estaba convencida, se jugaría el pellejo a que lo había escrito ella. ¿Por qué le suplicaba aquello? ¿Qué había ocurrido para tener que escribirle aquellas palabras? El primer impulso de Laura fue agarrar el trozo de papel y llevárselo. (CORPES XXI, 2020, España).

(11) R. Yo no descarto absolutamente nada de lo que dice la ley. Lo que tengo que hacerlo es a su tiempo, *que es lo más importante en este momento*. Lo ideal sería que no hubiese que tomar soluciones drásticas, pero para ello tendrían que producirse rectificaciones. (CORPES XXI, 2017, España).

Si en (10) tenemos el segmento *lo (más) importante* en la posición del margen izquierdo del enunciado, en (11) lo tenemos con el mismo cometido en el margen derecho. La explicación y efecto de una y otra posición se llevará a cabo en las dos sucesivas secciones.

4.2.1. Margen izquierdo

La capacidad que posee la lengua de hacer referencia al contexto en el que se usa no solo se limita a la clase de los marcadores discursivos, formada por conectores y operadores (Fuentes Rodríguez 2003, 2009). Al mismo tiempo, los contenidos procedimentales de los distintos planos (modal, enunciativo, argumentativo e informativo) también se pueden expresar, en la periferia del enunciado, mediante «sintagmas y/u oraciones dependientes» (Fuentes Rodríguez 2017: 17) que funcionan como «complementos» que hacen referencia a cada uno de los planos mencionados.

En nuestro caso, el sintagma *lo (más)* + *importante/interesante* funciona como un complemento argumentativo y también jerarquizador de la información, debido a la posible multidimensionalidad mencionada de estos elementos con cometido macroestructural.

> (12) pues en aquella época ninguna mujer podía hacer de la literatura su profesión—. Las romanas de aquel tiempo no tenían medios para lograr que sus obras se conocieran y se difundieran. La mayoría ni se planteaba hacerlo. Y lo más importante: quienes valoraban si un libro merecía pasar a la posteridad ni siquiera tomaban en consideración lo que escribían las mujeres. En realidad, no debería sorprendernos que estos poemas solo hayan sobrevivido incrustados en un libro ajeno. (CORPES XXI, 2019, España).

En este ejemplo, tenemos un total de cinco enunciados. Argumentativamente, están organizados de tal manera que el primero, *pues en aquella época ninguna mujer podía hacer de la literatura su profesión*, es la conclusión y está sustentada por tres argumentos, vertebrados sintácticamente en tres enunciados distintos que guardan entre sí una relación de lista (Mann y Thompson 1988; Duque 2016):

— Las romanas de aquel tiempo no tenían medios para lograr que sus obras se conocieran y se difundieran.
— La mayoría ni se planteaba hacerlo.
— Y *lo más importante*: quienes valoraban si un libro merecía pasar a la posteridad ni siquiera tomaban en consideración lo que escribían las mujeres.

Una relación de lista es un tipo de relación de semejanza en la que «cada miembro [...] guarda cierta independencia respecto al resto, pero que, a su vez, se une a los otros para construir una unidad mayor» (Duque 2016: 34); en este caso, para formar una clase argumentativa, un grupo de argumentos orientados a la misma conclusión (Fuentes Rodríguez y Alcaide Lara 2002: 16).

En este sentido, la relación de lista es de tipo multinuclear, es decir, todos los elementos están en el mismo nivel y no hay ningún grado de jerarquía entre ellos. Sin embargo, en el testimonio que nos ocupa, aunque el locutor presenta un conjunto de argumentos que tienen en común el sostener la misma conclusión (de ahí que formen una relación de lista), al mismo tiempo, quiere indicarle al alocutario que, entre esa nómina de argumentos, sí existe, a nivel argumentativo, una relación jerárquica, de tal manera que el tercero de los argumentos expuestos es, para el locutor, el de mayor fuerza para sostener la conclusión inicial.

Para expresar esto último, lo que hace el locutor es añadir en el margen izquierdo del enunciado que contiene el tercer argumento un complemento que, precisamente por ocupar esta posición periférica, incide sobre todo dicho enunciado e indica –y anuncia– su superioridad argumentativa e informativa sobre los otros dos anteriores, algo que se consigue por el semantismo de los dos adjetivos que estamos tratando: *importante* e *interesante*.

Finalmente, tanto la conclusión inicial como la relación de argumentos que la sustentan se convierten después en otra clase argumentativa que sirve de sostén para la conclusión con la que finaliza nuestro testimonio (*En realidad, no debería sorprendernos que estos poemas solo hayan sobrevivido incrustados en un libro ajeno*).

Con la explicación de ese ejemplo hemos pretendido volver a constatar que los adjetivos *importante* e *interesante* tienen también un cometido macrosintáctico, esta vez por su aparición en el margen izquierdo del enunciado, y que su semantismo guarda un potencial argumentativo e informativo que los hablantes explotan.

Como ya anunciamos, además de la posición parentética y la de margen izquierdo, también hemos encontrado casos en el otro hueco (macro)funcional de la estructura del enunciado: el margen derecho, tal y como expondremos en el siguiente apartado.

4.2.2. Margen derecho

En Fuentes Rodríguez (2012a), donde se aborda la descripción y caracterización de las funciones del margen derecho del enunciado, se indica que, en este hueco funcional, el hablante introduce una serie de contenidos que vuelven sobre la información proposicional o *dictum* de tres maneras distintas:

— Restricción.
— Progresión temática o *addenda*.
— Comentario.

La restricción conlleva una reinterpretación de lo dicho a partir de una mayor (de)limitación de la extensión del contenido proposicional o *dictum*. Por su parte, la progresión temática o *addenda* supone un añadido de información «que se presenta como algo aparentemente no planeado o que rompe la línea argumentativa o informativa de lo precedente, como una digresión a veces» (2012a: 81). Por último, el comentario introduce el punto de vista del hablante sobre lo dicho.

En nuestro corpus, solo hemos encontrado testimonios de *lo (más) importante* en este hueco funcional. Si tomamos dos de los testimonios:

> (13) R. Yo no descarto absolutamente nada de lo que dice la ley. Lo que tengo que hacerlo es a su tiempo, *que es lo más importante en este momento*. Lo ideal sería que no hubiese que tomar soluciones drásticas, pero para ello tendrían que producirse rectificaciones. (CORPES XXI, 2017, España).
>
> (14) —Es muy buena. No me ha dado ni una mala noche. No llora y está muy sanita, *que es lo más importante*. ¡Yo la veo preciosa! (CORPES XXI, 2020, España).

podemos percatarnos de que estas apariciones en el margen derecho corresponden a la función de comentario. De nuevo el locutor se desdobla en dos enunciadores y «añade una evaluación del hablante o emisión de la opinión del hablante sobre el contenido proposicional de la oración anterior» (Fuentes Rodríguez 2012b, *apud* 2012a: 85).

En el caso del adjetivo *importante* (y también *interesante* en los huecos anteriores), el semantismo de esta unidad hace que, en lugar de que el hablante introduzca una valoración u opinión personal de orden moral o estético (como ocurriría con *triste* o *bonito*), la utilice para jerarquizar argumentativamente la información enunciada.

Sintácticamente, la realización de *lo (más) importante* en el margen derecho la identificamos en una de las estructuras más recurrentes que Fuentes Rodríguez (2012a) apunta para la función comentario, la relativa de antecedente oracional, que «deja de funcionar como una subordinada adjetiva. [y] El pronombre relativo actúa como anafórico» (2012a: 86).

Conclusiones

A lo largo de este trabajo hemos querido poner de manifiesto la rentabilidad argumentativa e informativa que tienen los adjetivos *importante* e *interesante*, en este caso cuando se empelan en el segmento <*lo (más)* + adjetivo> y aparecen en huecos macroestructurales como el enunciado parentético o los márgenes izquierdo y derecho del enunciado. Ello nos ha permitido dar cuenta y reivindicar el estudio macrosintáctico del adjetivo más allá de la gramaticalización de marcadores discursivos, pues existen otros fenómenos que igualmente desempeñan funciones pragmáticas, sin que ello conlleve una un cambio categorial y/o semántico sobre la entidad en cuestión, de tal manera que se hacen necesarios estudios que indaguen en esos otros recursos que los hablantes también utilizan para la denotación de los contenidos procedimentales.

Referencias bibliográficas

Bosque Muñoz, Ignacio y Moreno Cabera, Juan Carlos (1990): «Las construcciones con *lo* y la denotación del neutro». *Lingüística*, 2: 5-50.

DeMello, George (1999): «['Lo' + adjetivo + 'es que'] seguido de indicativo/subjuntivo: 'lo importante es que tienes/tengas amigos'». *Hispanic Review*, 4 (67): 493-507.

Duque Gómez, Eladio (2016): *Las relaciones de discurso*. Madrid: Arco Libros.

Fuentes Rodríguez, Catalina y Alcaide Lara, Esperanza (2002): *Mecanismos lingüísticos de la persuasión. Cómo convencer con palabras*. Madrid: Arco Libros.

Fuentes Rodríguez, Catalina (2003): «Operador/conector, un criterio para la sintaxis discursiva». *RILCE*, 1 (19): 61-85.

Fuentes Rodríguez, Catalina (2009): *Diccionario de conectores y operadores del español*. Madrid: Arco Libros.

Fuentes Rodríguez, Catalina (2012a) «El margen derecho del enunciado». *RSEL*, 2 (42): 63-94.

Fuentes Rodríguez, Catalina (2012b) «Las "oraciones" de comentario en español». En Emili Casanova Herrero y Cesáreo Calvo Rigual (coords.), *Actas del XXVI Congreso Internacional de Lingüística y Filología Románicas*. Berlín: De Gruyter, 499-510.

Fuentes Rodríguez, Catalina (2014): «Comment Clauses and the Emerge of New Discourse Markers: Spanish *lo que es más*». *Journal of Pragmatics*, 61: 103-119.

Fuentes Rodríguez, Catalina (2015 [2000]) *Lingüística pragmática y Análisis del discurso*. Madrid: Arco Libros.

Fuentes Rodríguez, Catalina (2017): «MacroSIntaxis y lingüística pragmática». *CLAC*, 71: 5-34.

Fuentes Rodríguez, Catalina (2018): *Parentéticos*. Madrid: Arco Libros.

García Pérez, José (2019): «Hacia una delimitación de los valores discursivos de *puto/a* como adjetivo antepuesto». *Estudios interlingüísticos*, 7: 61-77.

García Pérez, José (2020): «Es *real* lo que se explica: la caracterización de este adjetivo como operador discursivo». *RILCE*, 36 (3): 1020-1044.

García Pérez, José (2021): «*Por regla general*, ¿operador discursivo?». En Catalina Fuentes Rodríguez, M.ª Ester Brenes Peña y Víctor Pérez Béjar (eds.), *Sintaxis discursiva: construcciones y operadores en español*. Berna, Berlín, Bruselas, Nueva York, Oxford, Varsovia, Viena: Peter Lang (Linguistic Insights, 284), 281-304.

García Pérez, José (2022): «*Importante* e *interesante*: que no se tomen solo como valorativos». *Estudios Humanísticos. Filología*, 44: 137-158.

García Pérez, José (2023a) «Macrosintaxis del adjetivo calificativo. Uso persuasivo-valorativo en redes sociales». Tesis doctoral. Universidad de Sevilla - Vrije Universiteit Brussel.

García Pérez, José (2023b) «"Todo por igual": texto y tradición discursiva: un análisis pragma-lingüístico de las levantás de la Semana Santa de Sevilla». *CLAC*, 94: 201-226.

Gutiérrez Ordóñez, Salvador (1986): *Variaciones sobre la atribución*. León: Universidad de León.

López Martín, José Manuel (2019): «Estudio macrosintáctico de las construcciones enunciativas que califican al emisor». En Catalina Fuentes Rodríguez y Salvador Gutiérrez Ordóñez (eds.), *Avances en macrosintaxis*. Madrid: Arco Libros, 179-200.

Mann, William y Thompson, Sandra (1988): «Rhetorical Structure Theory: Toward a Functional Theory of Text Organisation». *Text*, 8 (3): 243-281.

Moreno Cabrera, Juan Carlos (1983): «Las perífrasis de relativo». En *Serta Philologica*. Madrid: Cátedra, 455-467.

RAE-ASALE (2010): *Gramática de la lengua española*. Manual. Madrid: Espasa Calpe.

RAE-ASALE (en línea) *Corpus del español del siglo XXI*. https://apps2.rae.es/CORPES/view/inicioExterno.view

VV. AA. (2008): *Diccionario de términos clave de ELE*. https://cvc.cervantes.es/ensenanza/biblioteca_ele/diccio_ele/ (Consultado en octubre de 2022).

Capítulo 5

Argumentación en Twitter (X): la voz del ciudadano en los comentarios[*]

Catalina Fuentes Rodríguez
Universidad de Sevilla

1. Introducción

La conversación en Twitter[1] (Mancera-Pano 2013; Moya-Herrera 2015; Rodríguez Díaz-Haber 2017; Fuentes Rodríguez-Brenes Peña 2020) constituye una comunicación pública a través de un medio digital, abierta a todos (en las cuentas examinadas). Se caracteriza por su inmediatez en el tiempo y su extensión limitada, en la que el que escribe concentra la información y se comunica con alta coloquialidad. Nuestro objetivo en este trabajo es analizar la argumentación (Anscombre-Ducrot 1983; Fuentes Rodríguez [ed.] 2016; Fuentes Rodríguez 2021a) que se emplea en este tipo de discurso y las características que la definen. Queremos diferenciar entre información/argumentos/ valoración y definir su función dentro del diseño de un texto argumentativo. Para ello analizaremos por separado el tuit de origen y los comentarios que surgen como reacciones de los usuarios (*replies*).

En el primero se prevé una parte informativa acompañada, generalmente, de argumentación. Prevemos, asimismo, una operación clara de imagen (Goffman 1967; Brown-Levinson 1987; Fuentes Rodríguez 2013, 2016a, 2021b) y un valor persuasivo

---

* Este trabajo se inscribe dentro del proyecto P18-FR-2619 «Macrosintaxis del discurso persuasivo: construcciones y operadores», financiado por la Junta de Andalucía y fondos FEDER (IP: Catalina Fuentes Rodríguez y María Ester Brenes Peña), así como del proyecto concedido por el Ministerio de Ciencia e Innovación y la Agencia Estatal de Investigación «Las relaciones en la construcción del discurso: un enfoque multidimensional» (ReDisC PID2021-122115NB-I00; IP: Catalina Fuentes Rodríguez).

1. Esta red social es suficientemente conocida en la actualidad, aunque recientemente también se la conozca como X. Limita la comunicación a 280 caracteres y constituye un medio inmediato de conexión entre individuos, pero también entre empresas, personas públicas y usuario final. Es una plataforma más de publicidad y de transmisión de ideología.

evidente. Estos tuits de los políticos buscan convencer a los lectores de su ideología y conseguir una acción más o menos mediata: buscar su apoyo y conseguir su voto. Ante ellos, el ciudadano reacciona en un sentido positivo o negativo. Generalmente, inserta valoraciones con las que se alinea o se desmarca del endogrupo creado por el personaje público.

En este sentido nos interesa investigar cuáles son los temas tratados por el político y cuál es la reacción del ciudadano. En esta existe una mayor variación. La persona puede proceder de diferentes ámbitos y tener diferentes perfiles ideológicos. Reacciona, por ello, a favor o en contra del personaje público.

Hemos partido de los tuits emitidos por dos mujeres que tienen una alta representatividad en el panorama nacional: Irene Montero (IM) e Isabel Díaz Ayuso (IDA). Son representantes institucionales y encarnan orientaciones ideológicas opuestas: derecha e izquierda. El fragmento de tiempo al que pertenecen es idéntico: marzo de 2022. De todos los comentarios emitidos, seleccionamos, de cada una de ellas, 400 comentarios que responden a los mensajes de las políticas. Para seleccionar los tuits de origen, hemos elegido los que más reacciones han provocado en los tuiteros.

¿Qué buscamos? La orientación de los comentarios, el estilo y registro que muestran y, sobre todo, la construcción argumentativa empleada. Nos resultan interesantes los *topoi* subyacentes, porque evidencian el sustento nocional y sociológico del discurso, la legitimación de los argumentos y las falacias empleadas (van Eemeren-Grootendorst 1992, 2004).

En el análisis veremos que hay presupuestos de los que parte el ciudadano sin ni siquiera plantearse su validez. De ahí que a veces detectemos un populismo evidente (Charaudeau 2009) y una manipulación de la opinión del ciudadano. Por otra parte, nos detendremos en delimitar cuál es la función en el texto argumentativo de las evaluaciones que aparecen de manera constante en el comentario.

2. Metodología

Nuestro estudio sigue un enfoque lingüístico-pragmático (Fuentes Rodríguez 2017a) porque analiza una comunicación realizada a través de un medio de comunicación digital, como es Twitter, y tiene en cuenta tanto el perfil del comunicante originario como los autores de los comentarios que provocan estos mensajes de las políticas en el ciudadano. Tendremos en cuenta los mecanismos formales utilizados, así como los conocimientos compartidos que justifican el uso de la argumentación y su éxito comunicativo, los presupuestos de los que parten como sociedad y los estereotipos. Nos interesa siguiendo lo expuesto en Fuentes Rodríguez (2017b [2000]), el tipo discursivo empleado y cómo condiciona la elección del hablante en el nivel micro y macroestructural.

Este trabajo se adentra en la argumentación y sigue los presupuestos básicos de autores como Anscombre-Ducrot (1983), Lo Cascio (1998), Plantin (1998), pero también la teoría de la imagen social y las relaciones en la interacción (Brown-Levinson 1987; Arundale 2006, 2010, 2013; Spencer-Oatey 2007; Fuentes Rodríguez 2011, 2016a) y el enfoque ideológico, dada la naturaleza pública y política de los perfiles analizados (Van Dijk 1998, 2003, 2005; Charaudeau 2005).

3. Twitter de Irene Montero

Como hemos dicho, analizaremos los tuits que más reacciones han provocado en los usuarios en marzo de 2022. Separaremos en cada caso el tuit de partida, procedente de la dirigente política (ordenados por número de reacciones), de los comentarios que suscita.

En el caso de Irene Montero, ministra de Igualdad desde enero de 2020, hemos seleccionado los siguientes tuits:

Tabla 1. Tuits de Irene Montero

Fecha	Tuit
1: 29 de marzo de 2022	Sobre impuestos 👇 [video de entrevista a Irene Montero donde habla de impuestos]
2: 14 de marzo de 2022	¿Cuál de todas estas políticas dejaría de financiar Ayuso? — permisos de maternidad y paternidad — escuelas infantiles 0-3 — Plan Corresponsables para la conciliación — acabar con la brecha salarial — incentivar la contratación — lucha contra las violencias machistas
3: 30 de marzo de 2022	Lo único injusto y económicamente inútil es el machismo y la desigualdad. A Vox hoy en la sesión de control 👇 [video de la sesión de control]
4: 16 de marzo de 2022	Los permisos de maternidad y paternidad, la conciliación o la lucha contra las violencias machistas son derechos. Sin ellos las mujeres viven peor. El PP de Ayuso y Feijoo apuesta por la desprotección de las mujeres con tal de pactar con VOX. Estaremos aquí para impedírselo.

Fecha	Tuit
5: 21 de marzo de 2022	No pueden ser las familias quienes tengan que apretarse de nuevo el cinturón: les toca arrimar el hombro a las eléctricas y a los que más tienen.
6: 17 de marzo de 2022	La credibilidad de las víctimas de violencias sexuales no puede depender del grado de resistencia ante una agresión.
7: 16 de marzo de 2022	Las políticas feministas salvan vidas: psicólogas especializadas, asesoramiento jurídico, casas de acogida, apoyos económicos para salir de la violencia. Aquí se ve lo que son PP y VOX gobernando: negar a las mujeres sus derechos. No se lo vamos a permitir
8: 25 de marzo de 2022	Ni subida de impuestos a las familias, ni recortes en derechos mientras las grandes empresas aumentan sus beneficios en tiempos de crisis. Este Gobierno tiene que servir para dar soluciones y proteger a las familias: tienen que pagar más quienes más tienen.
9: 30 de marzo de 2022	56 años, una vida entera de violencia de género, también bajo la dependencia económica de su maltratador. Tenemos que llegar a tiempo con las vivas. Tenemos la obligación de hacer que las instituciones sean seguras para ellas.
10: 14 de marzo de 2022	Juntas somos más felices, más fuertes y llegamos más lejos. Chile nos dio la oportunidad de encontrarnos en la Asamblea Feminista Internacional Macarena Valdés. Nos dimos la mano y no nos vamos a soltar 🔥🤎✊

Los temas tratados, como podemos ver, son los que más preocupan a los ciudadanos:

— Economía, impuestos o desigualdad social.
— Los relacionados con la igualdad, ámbito propio del Ministerio que ocupa IM: violencia machista, libertad sexual, feminismo, las políticas públicas de igualdad, la violencia doméstica.
— Aparte, encontramos también la confrontación propia del discurso político: en este caso con Ayuso, presidenta de la comunidad de Madrid, y con Vox. En estos casos, la proyección de la autoimagen (Hernández Flores 2006; Fuentes Rodríguez 2013) con los argumentos ideológicos que justifican su posición personal y las de su grupo suelen ir acompañadas de un ataque al exogrupo: Vox, PP, etc. Legitimación y deslegitimación en el mismo tuit (Chilton-Schaffner 2002; Bayley 2004; Van Dijk 2005).

El ciudadano se interesa si le hablan de los impuestos o de los problemas para llegar a fin de mes, así como sobre la violencia de género. Son dos temas específicos que afectan a IM por ser de Unidas Podemos, con políticas económicas más abiertas y por ser ministra de Igualdad. En este sentido los *topoi* también son esperados:

Tabla 2. *Topoi* utilizados por IM

Tema	Topoi
Impuestos	Mientras más bajos mejor para el ciudadano
Violencia doméstica	La violencia es negativa
Igualdad. Feminismo	Protección a todos

En cuanto a las reacciones de los ciudadanos, estas presentan una posición clara, alineada o enfrentada ideológicamente con la ministra. Hay valoración, pero no siempre es el único ingrediente, tanto en mujeres como hombres. Encontramos argumentación a favor y en contra, y ataques o alabanzas a la imagen del político (imagen individual) o al grupo (imagen grupal, *cfr.* Bravo 1999; Fuentes Rodríguez 2011).

Las valoraciones no siempre vienen acompañadas de argumentos justificativos. Así, en el siguiente, el usuario se manifiesta a favor de IM. Nos dice:

(1) Ideas claras, firmes y convincentes. Muy bien!!!! 👏👏👏👏👏😄. (IM 01-12[2], Hombre).

La valoración positiva se expresa tanto en los adjetivos como en el enunciado final exclamativo y en los emojis.

En otro caso argumenta, alaba su gestión y termina concluyendo de manera positiva.

(2) He visto la entrevista completa. Dentro de unos años, mis ojos tienen que verte siendo presidenta. *Grande ministra.* (IM 01-06, Mujer).

O sigue la estructura inversa: conclusión con valoración positiva seguida de los argumentos que lo justifican:

(3) Un discurso *absolutamente coherente y lógico.* Así debería ser. Lo primero bajada de sueldos de políticos y arrimar el hombro con el resto de la ciudadanía, un único mandato de representación y a la calle a trabajar. A predicar con el ejemplo, la ética y la dignidad. (IM 01-14, Hombre).

---

2. El primer número indica el tuit al que responde y el segundo el número de intervención. Añadimos información sobre el sexo del participante.

(4) *Gran Ministra. Gran mujer.* Orgullosos de tener políticos así en el gobierno, si con tan pocos diputados hacéis tanto… Que[3] lastima perder una España con un gobierno progresista de verdad. (IM 01-18, Hombre).

Se alinean ideológicamente con la ministra e intensifican su valoración: «progresista de verdad».

La argumentación antiorientada es más frecuente. Los usuarios utilizan los siguientes argumentos en contra:

a)   Ataque a IM porque ha olvidado a los ciudadanos y los ha engañado:

(5)   Yo era empresario hostelero, no me iba mal.. y me fundían a impuestos. Pues me dejaron atrás. Pero a los del volcán de la Palma también.. Los camioneros y agricultores también. Eso sí, a *esta señorita* cada vez le va mejor. (IM 01-07, Hombre).

(6)   Hablando de brecha, la que hay entre tú y el resto de los españoles, se ha acrecentado mucho. *Qué tal si renuncias a parte de tu sueldazo en pro de los que no llegan a fin de mes?* (IM 01-20, Mujer).

Es un ataque *ad hominem* directo, por mucho que quiera atenuarlo con la pregunta retórica.

b)   Evaluación negativa de su labor: Inutilidad de su ministerio:

(7)   Queremos bajar impuestos para cargarnos tu ministerio. ¿Así o más claro? (IM 01-09, Hombre).

c)   Ataques *ad hominem*. Con estos se pretende destruir su imagen pública, generando una identidad negativa que aleja al ciudadano del voto. Así, en los casos siguientes se personaliza, se la invoca (Irena), la tutean, la insultan. La identidad como ministra de éxito y defensora de la igualdad de la mujer da paso a la de una persona traumatizada, amargada, que no tiene capacidad de actuación como política. Se invocan defectos como trastornos mentales, se la asocia con el nazismo (*feminazi*) y la intolerancia, el interés y la búsqueda del beneficio propio sin luchar por ejercer su función pública:

(8)   Irene, he escuchado tu entrevista en 24H. *Estás trastornada, tienes traumas dignos de ser estudiados por un especialista y además, estás amargada.* Me temo que a pesar de tenerlo todo, tu vida debe de ser muy miserable. (IM 01-10, Hombre).

(9)   A ver, *Ninistra Feminazi,* dilo todo, las industrias que más dinero ganan es gracias a vuestras políticas, ecología = luz más carburantes = a comprar fuera

---

3. Reproducimos los tuits con su grafía original.

y más margen de impuestos, esto no es arrimar el hombro, es que queréis arruinar a todo el país y salir corriendo. (IM 01-15, Hombre).

La ridiculización se muestra también en la imitación de su lenguaje, reduciendo su identidad a un rasgo de su habla y despojándolo de cualquier trascendencia ideológica:

(10) *Jo tía,tíe, tío…* Que mona va esta chica siempre. Tan sencilla,tan natural. Diciendo sus *chorradis tan cuquis*. A ver si te pones a trabajar que mucho feminismo, pero estás ahí *por haber sido pareja de…* Y ese sello no te lo quita nadie ni tus amigues, amigas, amigos, amiguis. (IM 01-17, Mujer).

El usuario lo muestra como un lenguaje de «pijos» (que reproduce con ironía), lo cual no encaja con la imagen estandarizada de una persona de izquierdas.

d) Otros ataques van dirigidos a la eficacia de su labor, contra sus políticas. Sustentan la conclusión «No hacen nada»:

(11) Ayer vi la entrevista . No doy crédito . Dos años y pico de legislatura. Siguen hablando de leyes de conciliación que no llegan . Priorizando otras como la trans, que afecta a menos población y que nos borra a las mujeres del mapa y que a muchas feministas no nos representa. (IM 01-21, Mujer).

(12) Pues nada, hagamos justicia social. Hágame una transferencia, porque no es justo que usted tenga la pasta que tiene, y yo con 56 años, autónomo desde los 18 tenga un zafira diésel con 16 años, comprado de segunda mano cuando ya tenía 13 y un puñado de € en cuenta. Cantamañanas. (IM 01-22, Mujer).

(13) Cuando pensáis arrimar vosotros el hombro? Porque los 20mll que han dado a tu ministerio para no hacer NADA a los españoles trabajadores nos valdrían para mucho. (IM 01-23, Mujer).

(14) Y si arrimas tú el hombro?, nos ahorrarías tremendo gasto de nuestros impuestos en tus chorradas feminazis de colorines. (IM 01-24, Mujer).

El léxico valorativo es claramente despectivo, como en estas «chorradas feminazis de colorines» o en «cantamañanas». Se la ataca llamándola en varios tuits «La muy bastarda, indigente moral, la parásita mayor». O como en el siguiente, en el que reduce su valoración atacando directamente a su imagen:

(15) Una *cosmopaleta analfabeta* que apenas duró 6 meses como cajera de un supermercado hablando otra vez de cosas que no tiene NI PUTA IDEA. (IM 01-31, No identificado).

En otras ocasiones se expresa el punto de vista del usuario de manera intensificada y modalmente marcada a través de enunciados exclamativos intensificados:

(16) @IreneMontero cuando estabas en la oposicion no pensabas igual… que sinverguenza eres. (IM 01-33, No identificado)[4].

Los elementos valorativos pueden aparecer constituyendo enunciados o formando parte del mensaje, como la conclusión de un argumento previo:

(17) Que *sinverguenza* y poco representas a la mujer. (IM 01- 34, Mujer).
(18) Eso cuesta 20.000.000.000 de euros? *inepta mental*. (IM 03- 38, Hombre).

Como en los tuits, IM enlaza la legitimación de su posición con argumentos de ataque al oponente ideológico, en algún caso el Partido Popular o IDA, como oponente política. Es otra mujer de éxito, que encarna la opción desde la derecha. El usuario pasa también a ese ataque. Curiosamente, en el tuit siguiente es un hombre el que lo emite:

(19) De una elementa que mientras se dejaba morir ancianos por órden suya pasaba mordidas a su hermano, no esperes que de importancia al bienestar de los vivos. Lo increíble es que siga en Sol en vez de estar en Alcalá Meco a estas alturas. (IM 04-06, Hombre).

De hombre también son estos dos:

(20) Pero porqué no le tirais ya de los pelos a la psicópata franquista esa? (IM 04-13, Hombre).
(21) Es escoria, una mala persona. No se puede esperar otra cosa de alguien que dejó morir a los ancianos. (IM 04-14, Hombre).

Pero también tenemos a otros hombres que defienden la posición de Ayuso y atacan la de IM:

(22) Los cojones, Dña. Irne, los cojones. Es la forma más española, gráfica y castiza para afirmar con rotundidad que no dice Vd. más que estupideces destinadas a rellenar noticiarios y satisfacer los oídos de los más necios, de esos a los que se dirige y a cuyos votos se aferra. (IM 08-40, Hombre).

---

4. Reproducimos los tuits de manera literal, aunque haya errores ortográficos.

Los ciudadanos, pues, valoran a los candidatos, muestran su posición anti-orientada o alineada con ella y apoyan generalmente la valoración con argumentos. Estos se mueven en los siguientes ámbitos, como hemos dicho:

— Económico: mucho gasto de su ministerio. En contexto de crisis, la conclusión es la irrelevancia y necesidad de que desaparezca.
— Este argumento va ligado a la destrucción de la imagen personal de IM, por su ineptitud como política, o del ministerio en general, porque trabajar en igualdad no sirve para nada. Este argumento es utilizado por hombres y mujeres. Aquí el ataque es grupal y deslegitima por completo la propia existencia del ministerio.

(23) Yo tengo la conciencia bien tranquila ya que no he votado a dicho ser 😶 (IM 04-37, mujer).
(24) Cierra el chochoministerio y cállate de una vez por favor!!! Que dais pena 😠 (IM 08-22, No identificado).

Los porcentajes de comentarios positivos frente a negativos en los usuarios es de un 34 (0,85 %) vs 366 (99,15 %).

4. Twitter de Isabel Díaz Ayuso

En el caso de IDA, los tuits de partida de ella son los que recogemos a continuación:

Tabla 3. Tuits de IDA

1: 14 de marzo de 2022	Madrid ❤️. [imagen de un tuit de Marta Rivera –Consejera de Cultura, Turismo y Deporte de la comunidad de Madrid– en el que se lee «Los Rolling Stones eligen *#Madrid para iniciar gira mundial de su 60 aniversario*»]
2: 6 de marzo de 2022	Felices 120 🤍💜 #RealMadrid [video de la historia del Real Madrid]
3: 17 de marzo de 2022	«Sororidad», feministerios y la nada. La izquierda gestiona pobreza para luego vivir de ella. [video de Díaz Ayuso en intervención en la cámara]

4: 29 de marzo de 2022	Sin Filosofía, sin Historia cronológica, sin límite de suspensos, sin pensamiento crítico, sin exigencia ni esfuerzo… Una juventud sin futuro. España tardará décadas en recuperarse del daño que está causando el sanchismo. [imágenes de portadas de periódicos que reportan que se ha permitido la eliminación de las asignaturas de Filosofía e Historia del currículo de la ESO]
5: 10 de marzo de 2022	Feliz aniversario 🤍. #SocialismoOLibertad #ComunismoOLibertad [Imagen de Díaz Ayuso sobre la que se lee «Socialismo o Libertad» Ayuso convoca a elecciones en Madrid]
6: 13 de marzo de 2022	Pactar la incertidumbre puede quedar bien, pero es solo incertidumbre. En la Conferencia de Presidentes he pedido suspender temporalmente los impuestos a la luz y el gas. Y que se destinen los más de 20.000 millones del Ministerio de Igualdad a ayudar a las familias.
7: 11 de marzo de 2022	Hoy ha llegado al Zendal el primer autobús con medio centenar de ucranianos a los que estamos atendiendo para comprobar su estado de salud. Muchas gracias a los sanitarios y resto de trabajadores por hacerles su estancia en Madrid más fácil.
8: 15 de marzo de 2022	Buenas noticias: La economía de Madrid creció un 6,5 % en 2021 y creó el 23,4 % de todas las empresas en España. Registró un máximo histórico en empleo. Que no lo destroce el Gobierno con sus hachazos fiscales.
9: 3 de marzo de 2022	El Gobierno no puede quitar la autonomía fiscal a Madrid. Subir los impuestos expulsará a la empresa y la inversión. Si España tiene impuestos anacrónicos en la Unión Europea, ¿no habría que armonizar quitándolos? #Eulocal
10: 15 de marzo de 2022	En el Niño Jesús atendemos a 7 niños ucranianos con cáncer. Pronto empezarán el colegio en el propio hospital. Niños que están sin sus hermanos, amigos… Pero en manos de grandes profesionales. Orgullosa de Madrid.

Los temas tratados son variopintos: unos hacen referencia a eventos inmediatos, como el concierto de los Rolling Stones, a reflexiones sobre la juventud sin futuro, los ataques a la izquierda (fin ideológico de ataque al exogrupo) o la proyección de autoimagen grupal, destacando los logros de la Comunidad de Madrid en economía (bajar impuestos), solidaridad (ayuda a Ucrania) o sanidad (hospitales). También encontramos alusión a la campaña de IDA en las elecciones a la Presidencia de la Comunidad, con el eslogan «socialismo o libertad». IDA se presenta como una gran gestora, que toma decisiones y resuelve los problemas de los ciudadanos. Destacan en sus tuits términos como *solidaridad, orgullosa, gran primavera, gran comunidad, máximo histórico*… El enemigo ideológico se dibuja como el destructor de la economía con *hachazos fiscales* y creador de pobreza.

En los comentarios de los ciudadanos encontramos todo tipo de valoraciones: hay algunos ciudadanos que la alaban de manera insistente, tanto por su labor y gestión como por sus características como mujer (belleza) y por su rol como presidenta. El topos empleado es la eficacia y la belleza. O le agradecen los comentarios de apoyo al Real Madrid: es buena y es del equipo:

> (25) Es que es perfecta, es hermosa y encima felicita al mejor Club del Mundo 😍 😍😍😍😍. Antes te quería, ahora te doy las escrituras de mi casa! Te quiero!! (IDA 02-15, Hombre).
>
> (26) Usted es un potente misil JAVELIN Señora Ayuso, pero como bien recoge el Cantar de Mio Cid: «qué buen vasallo sería si tuviese buen Señor» qué pena que esté bajo el mando de un cacique paleto de provincia con aires de Trudeau del chino @FeijooGalicia. (IDA 03-06, No identificado).

Otros expresan sentimientos emotivos positivos:

> (27) No se puede tener una mejor presidenta. Te queremos. (IDA 02-24, No identificado).

Incluso justifican la prevaricación con su hermano, que es algo que está enjuiciándose en la actualidad. Ligan su acción con la Mafia, pero disculpan hasta cierto punto su gestión. La «entienden».

> (28) Entiendo que sea tu hermano y le regales unos buenos pedidos, Muchos harían eso con su hermano..La familia, «LA COSA NOSTRA» Pero si te pillan, que devuelva la comisión y hagan la factura al precio que toca…y sin impuestos, Lo que ha cobrado tú hermano es de los Madrileños … (IDA, 02-13, NI).

Los argumentos negativos van orientados a su gestión como presidenta: la educación, la prevaricación y su poca protección a los débiles, su deshumanización. Aunque en realidad son fundamentalmente ideológicos, de grupo: la posición del PP en la educación y su escaso gasto en política social. Los ciudadanos retoman los temas de sus tuits: en su ataque al gobierno central recurre a la educación, poniendo a Madrid como modelo y ataca al presidente del gobierno por eliminar la asignatura de Filosofía. Los usuarios rechazan sus críticas y su operación de autoimagen:

(29) La escuela pública estimula el espíritu crítico, la escuela concertada los dogmas de fe. Luego pasa lo que pasa. Verdad, mona? (IDA 04-03, Mujer).

(30) A ver IDA, cuando el PP habla del esfuerzo en los estudios sale a relucir los masters regalados a miembros de tu partido sin ir a clase. Un poco de vergüenza que hay millones de estudiantes a los que sí les cuesta sacar sus estudio. (IDA 04-04, Hombre).

(31) Pues no sé de q se queja, sin filosófia, sin história, sin limite de suspensos, sin pensamiento crítico, sin criterio própio, sin exigencias, sin esfuerzo, sin programa electoral, con el único curriculum de haber sido la que sacaba a orinar a un perro, ud es presidenta d la CAM. (IDA 04-05, Hombre).

(32) Mentira Filosofía pasa a ser obligatoria, infórmese!! Mejor empezar a estudiar Historia por el final para llegar a lo que interesa, y no cometer los mismos errores y dejar la prehistoria para lo último. (IDA 04-06, No identificado).

(33) Para qué quieres filosofía y pensamiento crítico si solo subvencionas colegios religiosos qué apuestan por lo contrario? (IDA 04-07, Mujer).

(34) Y con neoliberalismo (emprendimiento) y religión (católica), además… Veo a mis hijos/nietos votando a la Asociación Nacional del Rifle Española en unos pocos años. (IDA 04-08, Mujer).

(35) La LOMCE de tu partido ya suprimió la Filosofía de la ESO. En la concertada que tú promueves no se pasa de curso con suspensas, directamente te regalan el aprobado. (IDA 04-23, Hombre).

(36) Vas a TT, entras y ves a todo el facherío en defensa de la Filosofía 😳😳; ves a la lela de Ayuso en defensa de la Filosofía 🤣🤣…¿Origen? Bulo de el diario de propaganda financiado por la CAM.
En fin, El Mundo de Ayuso, o pulirreportajes de la nena o fakes contra el Gobierno. (IDA 04-24, Hombre).

Otros comentarios destruyen su imagen de éxito en la gestión:

(37) Yo lo que si se que los empleados de fincas urbanas de Madrid trabajamos todos los días por 668 € de salario base inicial. Esto no les da vergüenza mirando sus sueldos, y luego dicen que no hay pobreza. @EmilioSanzPorte @teresazurita @UrbanasFincas. (IDA 03-10, Hombre).

Un caso concreto es lo sucedido con las residencias de ancianos en tiempos de Covid. Pertenece al contexto conocido, ya que es un tema que está denunciado en los juzgados. Muchos ciudadanos aluden a él y la acusan de manera agresiva:

(38) Los que no se van a recuperar, son los ancianos enfermos de covid-19 de las residencias, que abandonó la comunidad de Madrid, que usted preside, hasta morir. (IDA 04-10, Hombre).

Sobre los problemas por los que está enjuiciado su hermano, al haber favorecido a sus empresas, la acusan de hipocresía y de poca vergüenza:

(39) HIPÓCRITA! Los 8.000 ABUELETES dejados morir por el PROTOCOLO MALDITO que hicisteis, y varios miles de niños de la cañada real sin luz… QUE ASCO!! (IDA 07-01, Mujer).

(40) Tu libertad es la que ha llevado a la fiscalia a investigar a tu entorno más cercano. (IDA 05-19, Mujer).

(41) Enhorabuena! La familia estará contenta y muy orgullosos de ti. (IDA 05-20, No identificado).

(42) Menudo engaño para los madrileños. Socialismo o corrupción ese es tú lema. Ayudo a la familia y amigos al amparo de contratos de emergencia y menores sin publicidad . Ayuso gobierno opaco, nefasta gestión para la sanidad, educación y servicios públicos para los madrileños de a pie. (IDA 05-21, Mujer).

(43) Y felicidades a tu hermanito que se está haciendo de oro a costa de tu puesto y el dinero de los madrileños. Ah y un saludito de los que están en las residencias, al menos de los que quedan… (IDA 05-22, Mujer).

(44) Rompiste con @CiudadanosCs para depender de #Vox en cualquier propuesta que queráis sacar adelante. Enhorabuena, campeona de la 'Libertad'! 🤣🤣. (IDA 05-23, Mujer).

Otras veces recurren al ataque *ad hominem* destruyendo su imagen. La presentan como poco espabilada, paleta, cerda, ignorante:

(45) Pues no sé dónde estudió usted, ni con quién…. Sra. Ayuso.
Pero sus estudios y sus formas, avergüenzan a cualquier persona honesta, decente y medianamente inteligen. (IDA 04-16, Mujer).

(46) Desde luego que contigo y tus socios la juventud no tiene futuro. Deberías pensar antes de hablar Isabelita. Lo tuyo es crear malestar, rencor, enfrentar a la gente, el insulto fácil. Esa eres tú, la que habla de futuro y pensamientos críticos. Háztelo mirar. (IDA 04-19, No identificado).

(47) El único esfuerzo que has hecho en tu vida parasitaria ha sido cagando. (IDA 04-21, Hombre).

(48) De lo q tardará en recuperarse España es del saqueo del PP y del fascismo q promueve. En particular Madrid tardará en ser una ciudad abierta con enseñanza y sanidad pública para todos gracias a tu fadcismo ignorante IDA. (IDA 04-22, Hombre).

(49) Se podrá tener poca vergüenza, pero lo tuyo ya raya la desvergüenza. (IDA 03-02, Mujer).

O terminan con una imprecación directa: «váyase a la mierrrrrdaaaa». (IDA 03-03, Mujer).

Desde el punto de vista ideológico, IDA defiende la gestión del PP, la elección de Feijóo como nuevo secretario general y se posiciona siempre frente al «sanchismo». En su campaña ha establecido la disyuntiva Socialismo o Libertad. A este concepto general, del que se ha apropiado, reaccionan algunos ciudadanos:

(50) Lo más importante es ir a Francia a un congreso de no se qué historia, y decir el 8M que está trabajando ese como si las demás mujeres trabajadoras no lo hicieran y las que no, seguramente se hayan pedido un día de vacaciones o algo así. Bravo con la Liberte egalite y fraternite. (IDA 05-24 Hombre).

(51) Libertad para corrupción, para cobrar comisiones, para ser corruptos… Vamos, lo de siempre del PP. Por cierto ¿Me adoptas como hermana? Es q me gustaría comprarme un chalet y no me da para pagar la entrada. (IDA 05-25, Mujer).

(52) Ni siquiera sabes lo que significa libertad. Cada día me da más asco tu nefasta gestión @IdiazAyuso. (IDA 05-34, Mujer).

Por último, sus atacantes recurren a acusaciones e insultos que degradan su imagen de manera rotunda (Ilie 2001; Fuentes Rodríguez-Brenes Peña 2020; Fuentes Rodríguez-Brenes Peña 2022). A veces aparece solo la valoración que les merece: sinvergüenza. Y otros va acompañada de un argumento. El adjetivo valorativo aparece al final como conclusión:

(53) Libertad para dar contratos a los amigos y familiares, esa es la libertad que quieres… Corrupta!!!! (IDA 05-39, No identificado).

(54) Por qué no pone el resto del vídeo donde le bajan los humos? Ridícula (IDA 09-28, Hombre).

(55) Esto… lo de la Virgen de Atocha? Es usted muy, pero que muy deficiente mental. (IDA 09-29, Hombre).

(56) Has cortado el video justo antes que te chaparan la boca 😂😂. Eres la vergüenza de Europa, IDA. Dimite lerda!!! (IDA 09-30, Hombre).

O, como en el caso de IM, en el orden opuesto:

(57) MENUDA INUTIL INCULTA SOLO SAVE DECIR CERVEZA Y SOÑAR CON SANCHEZ. (IDA 05-40, Hombre).

(58) Es usted una ridícula y con muy mala baba además. Lo de utilizar el bombardeo de un hospital en Ucrania para atacar a la oposición es vergonzoso. (IDA 05-35, Mujer).

(59) No engañas a NADIE, ZURDA EMPOBRECEDORA, ERES SOCIALISTA TAMBIEN, SOFT O LIGTH, PERO SOCIALISTA, los principios y valores tuyos y de tu partido, adhieren a la social democracia europea, NEGADA, de q libertad hablas, felpuda de una monarquía obsoleta, vé a leer a MISES, HAYEK, KAISER, etc, etc. (IDA 05-36, Hombre).

(60) Inteligencia o imbecilidad. (IDA 05-37, No identificado).

El ataque llega a visualizarse en un *hashtag*: «Ayuso corrupta»:

(61) Y dale con el discurso vacío y populista para engañar al borreguismo que te vota, sabes perfectamente dónde van ésos 20.000 millones de euros, no te hagas la longis cómo con los contratos de tu hermano. Cada día demuestras más lo hipócrita que eres #AyusoCorrupta. (IDA 06-04, Mujer).

Se la acusa, pues, de *inútil, lerda, traidora, embaucadora, mentirosa, farsante*, de tráfico de influencias, de dejar morir a ancianos, de no aplicar la igualdad sino privilegiar a los ricos en la sanidad y en educación. Con ello se busca destruir su imagen como política frente a los ciudadanos que la alaban y le declaran su cariño.

En suma, la argumentación de los ciudadanos que reacciona a los tuits de Ayuso muestra las dos acciones: un número elevado (71/400) reacciona de forma positiva, mostrando un algo grado de emoción:

(62) Es usted el orgullo de Madrid y de toda España. (IDA 10-18, mujer).

(63) Madrid es un sueño!!!!… gracias por todo!! (IDA 10-22, Hombre).

(64) Que dolor esta situación, los niños no merecen todo esto que están viviendo 🥺 Muy bien por Madrid 👏 (IDA 10-23, mujer).

Se utilizan enunciados exclamativos, adjetivos valorativos positivos y declaraciones de amor. Se alinean con ella en su ataque al Partido Socialista.

Y muchos otros adoptan una posición crítica (329/400), recurriendo a la valoración. Ahí encontramos dos patrones: el insulto fácil o el insulto seguido del argumento que justifica dicho ataque.

En los argumentos descalificadores encontramos:

— el adjetivo como enunciado:

(65) Libertad para dar contratos a los amigos y familiares, esa es la libertad que quieres…*Corrupta!!!!* (IDA 05-39, No identificado).

— estructuras atributivas:

(66) Usted es una radical intoxicadora. *Qué vergüenza de mujer.* (IDA 03-35, Mujer).

— estructuras nominales:

(67) *MENUDA INUTIL INCULTA* SOLO SAVE DECIR CERVEZA Y SOÑAR CON SANCHEZ. (IDA 05-40, Hombre).

— acusaciones expresadas en enunciados completos, algunos interrogativos para mostrar un dialogismo que refleja la voz de otros:

(68) sin impuestos como se va a financiar los servicios públicos?, claro eliminandolos, menudos sinvergüenzas y canallas sois toda la clase política, y los españoles subnormales profundos, aunque violarais a sus madres seguirán yendo a votar. (IDA 09-34, Hombre).

En esta réplica al tema de los impuestos el usuario apoya su posición con argumentos que justifican su rechazo. No es posible porque no se financian los servicios públicos. Y ello lleva a la conclusión expresada como valoración: «sois sinvergüenzas y canallas. Y los españoles subnormales profundos». Con un argumento que intensifica lo dicho («aunque violarais a sus madres seguirán yendo a votar»).

Un grupo de comentarios intenta demostrar la argumentación de autopropaganda de Ayuso y lo hace de dos modos:

a)   con argumentos que lleva a la conclusión contraria:

(69) Sin una fiscalidad adaptada a la realidad de las empresas, autónomos y pymes no habrá crecimiento y causará más paro, más subvenciones y más deuda.
La «fiscalidad confiscatoria» es anacrónica y contraproducente.
Es más pobreza, para mantener la mastodontica administración. (IDA 09-40, Hombre).

b)   con estructuras polifónicas que retoman su discurso y lo reorientan:

(70) Osea que en igualdad de condiciones Madrid no es capaz de retener inversión? Menudo ridículo. (IDA 09-39, No identificado).

Algunos de ellos intentan poner en evidencia la demagogia y, por tanto, la falacia:

(71) Cierras la educación de o a 6 años a y te haces propaganda por atender a niños refugiados, HIPÓCRITA. (IDA 10-19, Hombre).
(72) Para de hacer política con los niños !!! Hacemos política con su hermano ????
El pobre no tenía dinero entonces yo Ayuso le regale contratos!!! Hipócrita. (IDA10-37, hombre).
(73) Ojalá los médicos puedan curarles. Tú, @idiazayuso, seguirás siendo basura.
Ni siquiera lo sabes, porque te ha tirado a la bolsa tu jefe de gabinete. (IDA 10-39, Hombre).

Frente a IM, aquí sube más el porcentaje de comentarios positivos a su imagen con 71 casos (17,77 %) vs. 329 (82,23 %).

5. Discusión

En este tipo discursivo el comentario tiene como objetivo manifestar la opinión del usuario sobre el contenido del tuit o sobre el personaje público. Puede referirse a su imagen personal o a su imagen grupal. La valoración puede estar explícita o no, pero siempre está presente y generalmente se expone de manera intensificada. Los patrones son:

a)   Valoración.
b)   Rechazo al argumento del tuit (+valoración).
c)   Refuerzo del argumento (+valoración).

Parece connatural a esta red social encontrar evaluación. En el fondo es para lo que se creó, para poder evaluar las manifestaciones de otros y expresar su opinión de manera directa. Pero de aquí al insulto y a la destrucción de la imagen de la persona pública hay un gran paso. Puede aparecer como conclusión a la que llevan los datos ofrecidos o simplemente como muestra de la antiorientación ideológica usuario-político.

La evaluación se manifiesta, como hemos dicho, generalmente intensificada (Fuentes Rodríguez 2016b, c) y ligada a la emoción, aspecto sobre cuya relevancia en la estructura argumentativa provoca posiciones discordantes. Para muchos es un paralogismo (Plantin 1995), una falacia (Perelman-Olbrechts-Tyteca 1989; Van Emeren-Grootendorst 1992, entre otros) pero frente a la «normativa retórica» el uso del hablante demuestra que busca sobre todo la eficacia y la sencillez. La rentabilidad del ataque emocional (Plantin 2011), valorativo, desde los sentimientos, es más intuitivo e inmediato que la reflexión y la construcción de argumentos. ¿Es simplificado? ¿un modo de manipular o persuadir sin ni siquiera construir una argumentación correcta? Todos estos ingredientes están. En Twitter, además, la presencia de la emoción es directa y desnuda, sin necesidad de procedimientos reelaborados o indirectos (Micheli 2010; Alcaide Lara, Carranza y Fuentes Rodríguez 2016; Fuentes Rodríguez 2020).

En conclusión, la valoración es connatural a la argumentación en este tipo discursivo, el comentario. Los usuarios se ven legitimados a reaccionar contra la representante pública y generalmente lo hacen de manera crítica e incluso insultante. De este modo se oponen ideológicamente y también controlan la acción de las personas que los gobiernan.

En cuanto a los procedimientos empleados, como hemos ido viendo en el análisis, pasan desde el uso de adjetivos de contenido valorativo, vocativos y enunciados exclamativos, hasta la estructura reactiva, en la que se rechaza lo anteriormente expresado por IM o IDA o bien por otro usuario.

Su estructura, aparentemente sencilla, muestra una gran complejidad para dar rienda suelta a la posición del hablante. Podemos visualizarlo en un fragmento. Elegimos una argumentación a favor y otra en contra para ilustrar los procedimientos empleados.

En la argumentación a favor, utilizamos el siguiente tuit:

> (26) Usted es un potente misil JAVELIN Señora Ayuso, pero como bien recoge el Cantar de Mio Cid: «qué buen vasallo sería si tuviese buen Señor» qué pena que esté bajo el mando de un cacique paleto de provincia con aires de Trudeau del chino @FeijooGalicia. (IDA 03-06, No identificado).

En él encontramos una estructura doble, a favor de IDA, alabanza a su imagen, pero para ello utiliza el ataque a Feijóo, su secretario general. El léxico valorativo lo muestra: «Potente misil JAVELIN vs. Cacique paleto de provincia con aires de Trudeau del chino».

El adjetivo es positivo (*potente*) y el sustantivo indica poder también. La conclusión a la que llegamos es que IDA es un arma de guerra, en el sentido positivo. Frente a eso, Feijóo se presenta como un totalitarista de pueblo (*cacique paleto*). Lo minusvalora con otros modificadores desrealizantes (Ducrot 1995; Fuentes Rodríguez 2022) como *con aires de Trudeau, del chino*, que llevan a conclusiones negativas.

Para reforzar la argumentación, recurre a un argumento de autoridad (fuente argumentativa y clara polifonía), refiriéndose al Cantar de Mio Cid: «Dios, qué buen vasallo si oviesse buen señor». La imagen de IDA queda reforzada.

En la argumentación en contra, más frecuente, partimos de un tuit referido a IDA pero indirectamente ataca también a IM. En él no encontramos la valoración explícita sino los argumentos que exponen la posición del usuario a favor de IM y, por tanto, contra las acusaciones de IDA hacia ella:

> (74) Más del 90% de esos 20.000 millones son para pagar las bajas por maternidad, paternidad y los cheques guardería.
> Dicho esto, una de dos:
> 1-IDA, lo sabe y solo malmete para desinformar a sus votantes aborregados.
> 2-ni ha mirado donde van a parar esos millones y suelta la tontería.
> (IDA 06-03, hombre).

El tuit originario de IDA constituía una crítica a la ministra de Igualdad, a IM, y, como vemos, ambas mujeres parecen considerarse de manera paralela en redes sociales. Sobre la opinión que le merece la dotación de este ministerio, IDA había dicho:

(75) «Sororidad», feministerios y la nada.
    La izquierda gestiona pobreza para luego vivir de ella.
    [video de Díaz Ayuso en intervención en la cámara] (tuit de IDA, 17-3-22).

Y en otro:

(76) Pactar la incertidumbre puede quedar bien, pero es solo incertidumbre.
    En la Conferencia de Presidentes he pedido suspender temporalmente los impuestos a la luz y el gas. Y que se destinen los más de 20.000 millones del Ministerio de Igualdad a ayudar a las familias. (tuit de IDA, 13-3-22).

Se apoya en la creación léxica: hablar de *feministerios* ya desprestigia a la ministra Montero y a su corriente ideológica, e indirectamente al gobierno como tal. No llama masculiministerios a otros. Con este término degrada a la ministra, pero también a la mujer en general, ya que no considera necesario que se le dedique un ministerio. Lo refuerza con el añadido: *y la nada*. La serie orienta claramente a una conclusión negativa.

Frente a eso, el usuario 06-03 (hombre) aclara a qué va destinado ese dinero: cheques para guardería, baja por maternidad y paternidad. A continuación, plantea dos situaciones en que ataca su imagen, y que se deducen precisamente de esa aserción: En la situación A, IDA es conocedora y lo hace para destruir a IM y a su ministerio. En la situación B IDA no lo conoce (y por tanto aparece como tonta) y dice tonterías. En ambos casos destruye la imagen de la presidenta de la comunidad de Madrid. La secuencia es lógica, con una argumentación que lleva a dos conclusiones posibles. A través de ellas ataca la imagen de la candidata.

Conclusiones

Tras el análisis, podemos concluir que la argumentación sirve a las dos políticas para:

— construirse su identidad política de manera individual, como cargo institucional y como representante de una ideología y de un rol;
— establecer la contraposición con el oponente, como medio de reafirmación de la posición propia;
— transmitir un contenido ideológico que proviene de los argumentos y también de los supuestos sobre los que las argumentaciones se apoyan. Estos, frente a lo que sostenía Anscombre-Ducrot (1983), de su generalidad, varían y son utilizados por cada formación en provecho propio.

La tabla siguiente muestra los supuestos o *topoi* en los que se han basado las argumentaciones analizadas en los tuits de las políticas:

Tabla 4. *Topoi* utilizados por IDA

Irene Montero	Isabel Díaz Ayuso	Función
La búsqueda de la igualdad es necesaria Las políticas de igualdad salvan vidas** Juntas resolvemos problemas No pueden pagar los que menos tienen	El gasto excesivo va contra el ciudadano Las políticas de igualdad son innecesarias	*Topoi* para deslegitimación del contrario
Salvamos vidas (legitimación ética)	En la comunidad de Madrid hacemos bien las cosas (vs. Sanchismo. Comunismo o Libertad) En el PP hacemos bien las cosas (Orgullo)*	Autoimagen. Imagen de rol y grupal

* Consigue crear afiliación con los otros
** Argumentos de igualdad: salvar vidas vs. Economía. Reduce la vida a algo innecesario

Parémonos ahora, como decía Toulmin (1958), en los fundamentos que están en la base de las reglas generales o *topoi*, porque son de naturaleza distinta en uno y otro caso. Las de IM apelan al derecho a la vida, y a la salud y no dominación. Es decir, derechos humanos, legitimados por toda la sociedad internacional. Pertenecen al derecho natural. No se puede ir contra eso. La argumentación de Díaz Ayuso pasa de lo general (ética) a lo particular: los 20 000 millones, gasto innecesario en políticas de igualdad. Acude a la economía y concentra lo innecesario no en las políticas, sino en el feministerio, criticando ideológicamente al mismo, como sesgado, no representativo y atacando a su dirigente, IM, como inepta.

Esa misma línea llevan los comentarios de los usuarios.

Tabla 5. Comentarios a IM e IDA. Comparativa

	IM	IDA	Comparativa IM/IDA
Calificativos Valoración	Coherencia. Defensa a la mujer *Inepta, mamarracha, feministerio, chocholoco…*	*Grande , te quiero, Hipócrita,* prevaricadora, ataca a los mayores, destruye la educación y la sanidad en favor de los que más tienen. Desmantela lo público, no ayuda a los que lo necesitan.	Diferencia en la valoración positiva: más en IDA. Más prominente. Pero también ataques *ad hominem* contra su comportamiento como política: ilegalidad y demagogia en IDA/ ataques *ad hominem* a IM: degradantes como persona.
Legitimación	Economía, ideología /no necesidad	Demagogia, mentira, gestión política	

Lo que más destacan los comentarios de los ciudadanos en IM es la no necesidad de sus políticas. En IDA es la hipocresía, la demagogia y la destrucción de lo público. ¿Qué podemos concluir con ello? ¿Qué podemos afirmar respecto al tipo de argumentación que encontramos en Twitter?

El comentario en Twitter es un tipo discursivo reactivo en el que el ciudadano expresa su voz, haciéndola pública y compartiéndola con otros. De este modo, llega a exponer sus argumentos, aunque sea de manera breve. Llaman la atención los ámbitos en los que estos se mueven reaccionando contra el populismo falaz, la mentira y la incoherencia. Por el otro lado, está el fanatismo a favor o en contra, con valoraciones exageradas que alaban o atacan la imagen personal de la candidata. Su estructura suele ser:

a) valoración positiva (con o sin argumentos);
b) miniargumentación en contra (+/- presencia valoración).

Los fundamentos de legitimación de los *topoi* empleados se mueven en el ámbito de los derechos humanos generales y de la ética. Otros no abandonan el enfrentamiento ideológico, estableciendo como inamovible el aserto de: «lo mío es lo mejor, mi partido (YO) tiene (tengo) la verdad».

Referencias bibliográficas

Alcaide Lara, Esperanza R., Carranza, Aurelia y Fuentes, Catalina (2016): «Emotional argumentation». En Catalina Fuentes Rodríguez y Gloria Álvarez Benito (eds.), *A Gender Based Approach to Parliamentary Discourse*. Ámsterdam: John Benjamins, 129-160.

Anscombre, Jean Claude y Ducrot, Oswald (1983): *L'argumentation dans la langue*. Liège: P. Mardaga.

Arundale, Robert (2006): «Face as Relational and Interactional: A Communication Framework for Research on Face, Facework, and Politeness». *Journal of Politeness Research*, 2 (2): 193-216. https://doi.org/10.1515/PR.2006.011

Arundale, Robert (2010): «Constituting Face in Conversation: Face, Facework and Interactional Achievement». *Journal of Pragmatics*, 42 (8): 2078-2105. https://doi.org/10.1016/j.pragma.2009.12.021

Arundale, Robert (2013): «Face as a Research Focus in Interpersonal Pragmatics: Relational and Emic Perspectives». *Journal of Pragmatics*, 58: 108-120. https://doi.org/10.1016/j.pragma.2013.05.013

Bayley, Peter (2004): *Cross-cultural Perspectives on Parliamentary Discourse*. Amsterdam / Philadelphia: John Benjamins. https://doi.org/10.1075/dapsac.10

Bravo, Diana (1999): «¿Imagen "positiva" vs. imagen "negativa"? Pragmática socio-cultural y componentes de *face*». *Oralia*, 2: 155-184.

Brown, Penelope y Levinson, Stephen (1987 [1978]) *Politeness: Some Universals in Language*. Cambridge: Cambridge University Press.

Charaudeau, Patrick (2005): *El discurso político: las máscaras del poder*. Vuiber. https://doi.org/10.4000/communication.3435

Charaudeau, Patrick (2009): «Reflexiones para el análisis del discurso populista». *Discurso y sociedad*, 3 (2): 253-279.

Chilton, Paul y Schäffner, Christina (eds.) (2002): *Politics as Text and Talk: Analytic Approaches to Political Discourse*. Amsterdam-Philadelphia: John Benjamins. https://doi.org/10.1075/dapsac.4

Ducrot, Oswald (1995): «Les modificateurs déréalisants». *Journal of Pragmatics*, 24: 145-165.

Fuentes Rodríguez, Catalina (2011): «(Des)cortesía y violencia verbal: implicaciones lingüísticas y sociales». En Catalina Fuentes Rodríguez, Esperanza R. Alcaide Lara, Ester Brenes Peña (eds.), *Aproximaciones a la (des)cortesía verbal en español*, Berna: Peter Lang, 27-64.

Fuentes Rodríguez, Catalina (2013): «Identidad e imagen social». En Catalina Fuentes Rodríguez (ed.), *Imagen social y medios de comunicación*. Madrid: Arco Libros, 13-21.

Fuentes Rodríguez, Catalina (2016ª) «Descortesía, imagen social e identidad como categorías sociopragmáticas en el discurso público», en Domnita Dumitrescu y Diana Bravo (eds.), *Roles situacionales, interculturalidad y multiculturalidad en encuentros en español*. Buenos Aires-Estocolmo: Dunken, 165-192.

Fuentes Rodríguez, Catalina (2016b) «Intensification, Identity and Gender in the Andalusian Parliament». En C. Fuentes Rodríguez y G. Álvarez Benito (eds.), *A Gender Based Approach to Parliamentary Discourse,* Ámsterdam: John Benjamins, 35-59.

Fuentes Rodríguez, Catalina (2016c) «Atenuación e intensificación estratégicas. Estrategias argumentativas y discurso político», en Catalina Fuentes Rodríguez (ed.), *Estrategias argumentativas y discurso político*. Madrid: Arco Libros, 163-221.

Fuentes Rodríguez, Catalina (2017a) «Macrosintaxis y lingüística pragmática», *CLAC*, 71: 5-34.

Fuentes Rodríguez, Catalina (2017b) *Lingüística pragmática y análisis del discurso* (3.ª ed.). Madrid: Arco Libros.

Fuentes Rodríguez, Catalina (ed.), (2016): *Estrategias argumentativas y discurso político*. Madrid: Arco Libros.

Fuentes Rodríguez, Catalina (2020): «Contextos discursivos de la argumentación emotiva», en Carlos Santibáñez (ed.), *Emociones, argumentación y argumentos*. Palestra, 153-180.

Fuentes Rodríguez, Catalina (2021a) «Construcción de la identidad, género e ideología». En V. Escandell *et al.: Pragmática*. Madrid: Akal, 446-461.

Fuentes Rodríguez, Catalina (2021b) «Pragmatics and Argumentation». En César Félix-Brasdefer *et al.* (eds.), *The Routledge Handbook of Spanish Pragmatics*. New York: Routledge, 219-236.

Fuentes Rodríguez, Catalina (2022): «La dimensión argumentativa del discurso», en C. Fuentes Rodríguez (ed.), *Operadores argumentativos*, Madrid: Arco Libros, 267-294.

Fuentes Rodriguez, Catalina y Brenes Peña, Ester (2020): «Internet Conversation: the New Challenges of Digital Dialogue», en T. López Soto (ed.), *Dialog Systems: A Perspective from Language, Logic and Computation*. Springer International Publishing Switzerland, 1-25.

Fuentes Rodríguez, Catalina y Brenes Peña, Ester (2022): «La formulación del insulto: Variantes del discurso parlamentario», *Revista Signos*, 55 (108): 61-90. DOI: 10.4067/S0718-093 42022000100061

Goffman, Erwing (1967): *Interaction Ritual: Essays on Face-to-Face Behaviour*. New York: Anchor Books.

Hernández Flores, Nieves (2006): «Actividades de autoimagen, cortesía y descortesía: tipos de actividades de imagen en un debate televisivo». En José Luis Blas Arroyo *et al.* (coord.), *Discurso y sociedad: contribuciones al estudio de la lengua en contexto social*. Castellón: Public. Universidad Jaume I, 637-648.

Ilie, Cornelia (2001): «Unparliamentary Language: Insults as Cognitive Forms of Ideological Confrontation». En René Dirven, Roslyn Frank y Cornelia Ilie (eds.), *Language and Ideology. Volume II: Descriptive Cognitive Approaches*. Amsterdam: John Benjamins Publishing Company, 235-263.

Lo Cascio, Vicenzo (1998 [1991]) *Gramática de la argumentación*. Madrid: Alianza Editorial.

Mancera Rueda, Ana y Pano Alamán, Ana (2013): *El discurso político en Twitter: análisis de mensajes que «trinan»*. Barcelona: Anthropos.

Micheli, Raphaël (2010): «Emotions as Objects of Argumentative Constructions». *Argumentation*, 2: 1-17.

Moya Sánchez, Miguel y Herrera Damas, Susana (2015): «Cómo puede contribuir Twitter a una comunicación política más avanzada», *Arbor: Ciencia, Pensamiento y Cultura*, Vol. 191, N. 774 https://doi.org/10.3989/arbor.2015.774n4012

Perelman, Chaim y Olbrechts-Tyteca, Lucie (1989): *Tratado de la argumentación: la nueva retórica*. Madrid: Gredos.

Plantin, Christian (1995): «L'argument du paralogisme». *Hermes* 15: 245-261.

Plantin, Christian (1998): *La argumentación*. Barcelona: Ariel.

Plantin, Christian (2011): *Les bonnes raisons des émotions: Principes et méthode pour l'étude du discours émotionné*. Berne: Peter Lang.

Rodríguez Díaz, Karines y Haber Guerra, Yamile (2017): «La influencia social de los medios de comunicación en Twitter». *Enunciación*, 22 (1): 97-108.

Spencer Oatey, Helen (2007): «Theories of Identity and the Analysis of Face». *Journal of Pragmatics*, 39: 639-656.

Toulmin, Stephen E. (2003 [1958]) *The Uses of Argument*. Cambridge: Cambridge University Press.

Van Dijk, Teun A. (1998): *Ideology. A Multidisciplinary Approach*. Londres: Sage.

Van Dijk, Teun A. (2003): *Ideología y discurso*. Barcelona: Ariel.

Vean Dijk, Teun A. (2005): «Política, ideología y discurso». *Quórum académico*, 2 (2): 15-47.

Van Eemeren, Frans y Grootendorst, Rob (1992): *Argumentation, Communication, and Fallacies. A pragma-Dialectical Perspective*. Hillsdale, N.J.: Erlbaum.

Van Eemeren, Frans y Grootendorst, Rob (2004): *A Systematic Theory of Argumentation. The Pragma-Dialectical Approach*. Cambridge: Cambridge University Press.

Capítulo 6
El argumentario de igualdad del discurso institucional andaluz: el caso de la mujer rural[*]

Esperanza R. Alcaide Lara
Universidad de Sevilla

1. Introducción

Este trabajo gira en torno a la configuración de la imagen de la mujer rural en el discurso de la Junta de Andalucía, institución que organiza el autogobierno de la Comunidad Autónoma de Andalucía, en el Estado Español. Y más concretamente en el discurso de la Consejería de Agricultura, Pesca, Agua y Desarrollo Rural, como organismo centrado, dentro de esta, en los intereses del sector agrario y pesquero.

¿Qué quiere decir «mujer rural»? La etiqueta «mujer rural» hace referencia a la mujer que desarrolla su vida en el medio rural, independientemente de si lleva a cabo su actividad profesional en este entorno o simplemente vive en él.

¿Por qué ceñirse a este ámbito socio-económico? Dentro de los proyectos REDIG (*Retos comunicativos de las instituciones andaluzas: configuración de la imagen social de la mujer en Andalucía (interfaz instituciones-discurso- ciudadanía)*) y DisImag (*Discurso institucional e imagen de la mujer: impacto comunicativo y social*), investigamos cómo se configura la imagen de la mujer a través de los discursos de las instituciones andaluzas, esas instituciones que, en la Comunidad Autónoma

* Este trabajo se inscribe en las actividades realizadas en el marco del proyecto *Retos comunicativos de las instituciones andaluzas: configuración de la imagen social de la mujer en Andalucía (interfaz instituciones-discurso-ciudadanía) REDIG* (P20_00554) (I.P. Esperanza R. Alcaide Lara), financiado por la Junta de Andalucía a través de fondos FEDER, y del proyecto *Discurso institucional e imagen de la mujer: impacto comunicativo y social en Andalucía. DisImag* (US-1381061) (I.P. Esperanza R. Alcaide Lara), dentro del programa I+D+i FEDER Andalucía 2014-2020.

de Andalucía, han de velar por la igualdad de ciudadanos y ciudadanas. Y el de la consejería antes citada tiene especial relevancia entre los que analizamos debido a la peculiar situación de la mujer en dichos sectores.

Como acabamos de decir, el rural es un mundo que se asocia tradicionalmente al hombre, y en el que el papel de la mujer es básicamente inexistente, a juzgar por lo observado en nuestro estudio. Según el Observatorio de Igualdad y Empleo del Gobierno de España, en un documento publicado el 12 de octubre de 2020 con motivo del Día Internacional de la Mujer Rural[1], a la mujer rural, el 60 % de la población que dedica a la agricultura a nivel mundial, se le reconoce un importante papel en los cambios socioeconómicos y ambientales, a pesar de lo cual mantiene un acceso restringido y limitado a recursos esenciales como la asistencia sanitaria, el empleo, la educación y la tecnología, y se encuentra desprotegida en lo relativo a protección social, derechos y condiciones laborales. A todo esto, se une el lugar que sigue manteniendo en el ámbito familiar, siendo la que se encarga de los cuidados de los miembros de la familia. De ahí que organizaciones como la ONU Mujeres o la Red Europea de Desarrollo Rural hagan llamamientos de forma reiterada para que los gobiernos respalden a las mujeres y niñas del entorno rural, se trabaje en pos de su inclusión en la agricultura, fomentando sus capacidades, y eliminando los estereotipos de género, que, según esta última, impide que lleguen a heredar incluso los negocios y empresas agrícolas familiares.

Según los datos manejados por el Observatorio de Empleo, en España, el mundo rural sigue siendo un entorno con múltiples desigualdades entre mujeres y hombres, de las cuales da cuenta el Ministerio de Agricultura, Pesca y Alimentación, desigualdades que vienen de la mano de la sobrecarga de trabajo que supone el cuidado familiar, todavía asociado a la figura de la mujer, la distribución desigual de los tiempos libres (mientras las mujeres lo dedican a tareas de cuidado, los hombres lo dedican al ocio y tiempo libre), y la brecha salarial entre mujeres y hombres[2].

---

1. El Día Internacional de la Mujer Rural se celebra desde el 15 de octubre de 2008, día establecido por la Asamblea General de la ONU el 18 de diciembre de 2007 con el objeto de reconocer «la función y contribución decisivas de la mujer rural, incluida la mujer indígena, en la promoción del desarrollo agrícola y rural, la mejora de la seguridad alimentaria y la erradicación de la pobreza rural». En el establecimiento de esta fecha se reitera «el llamamiento en pro de una globalización justa y la necesidad de que el crecimiento se traduzca en erradicación de la pobreza, en particular para las mujeres rurales y, a este respecto, aplaudiendo la determinación de hacer de los objetivos del empleo pleno y productivo» (*vid.* www.un.org/es/observances/rural-women-day/background).

2. Según el Ministerio, «aunque disminuye la brecha salarial de género en las categorías centrales, las mujeres continúan sobrerrepresentadas en salarios inferiores a 600 euros y los hombres en los superiores a 1.601 euros». Además, «las mujeres continúan encabezando los puestos de trabajo a jornada parcial –el 28,0 % de las mujeres tienen jornada parcial, frente al 19,7 % de los hombres».

En cuanto a la propiedad de las explotaciones agrarias, son los hombres los que tradicionalmente figuran como sus titulares, siendo las mujeres, que representan más de un tercio de las explotaciones agrarias familiares, consideradas bajo la categoría de «ayuda familiar».

En el caso de Andalucía, según la Consejería de Agricultura, Pesca, Agua y Desarrollo Rural, se debe destacar que la población femenina supone el 49,8 % de la población rural, aunque en todos los tramos etarios los hombres superan a las mujeres, salvo en el tramo de 65 años en adelante. Ello se traduce, entre otras cosas, en la masculinización de la población[3]. En relación con índice de empleo, las mujeres solo representan en torno a un 25 % del empleo en el sector agrario andaluz, un porcentaje algo superior a la media española (22,4 %), pero bastante inferior a la participación de la mujer en el conjunto de la economía (42,4 % del total de ocupados en Andalucía y 45,7 % en España), según López del Paso y Becerra Martínez (2022).

En este contexto, tal y como se recoge en el Estatuto de Andalucía, en el punto 2 del artículo 10, que dice:

La Comunidad Autónoma propiciará la efectiva igualdad del hombre y de la mujer andaluces, promoviendo la democracia paritaria y la plena incorporación de aquélla en la vida social, superando cualquier discriminación laboral, cultural, económica, política o social,

es prioritario que las instituciones se esfuercen en la consecución de dicha igualdad en el ámbito rural, donde la figura de la mujer es tradicionalmente invisibilizada.

Asimismo, según el artículo 73,

corresponde a la Comunidad Autónoma la competencia exclusiva en materia de políticas de género que, respetando lo establecido por el Estado en el ejercicio de la competencia que le atribuye el artículo 149.1.1.ª de la Constitución, incluye, en todo caso: a) La promoción de la igualdad de hombres y mujeres en todos los ámbitos sociales, laborales, económicos o representativos (…) b) La planificación y ejecución de normas y planes en materia de políticas para la mujer, así como el establecimiento de acciones positivas para erradicar la discriminación por razón de sexo. c) La promoción del asociacionismo de mujeres.

Una forma de alcanzar la igualdad es haciendo visible la figura de la mujer rural a través del discurso. En este sentido, nos interesa sobremanera observar si el *argumentario* presentado en las campañas de igualdad (8M) de la Junta de Andalucía

---

3. www.juntadeandalucia.es/organismos/agriculturapescaaguaydesarrollorural/areas/desarrollo-rural/genero.html

trasciende a ámbitos como el discurso en torno a lo rural, o se queda en un discurso efectista para ocasiones conmemorativas, sin llegar a aspectos cotidianos.

2. Marco teórico

En el *Anteproyecto de Ley del Estatuto de las Mujeres Rurales y del Mar de Andalucía*[4], a través del cual se reconocen los derechos de las mujeres de los sectores agrario, agroalimentarioy pesquero, y se promueven acciones para hacer desaparecer la discriminación y brechas de género, se recoge:

> El Estatuto de Autonomía para Andalucía, por su parte, establece que la Comunidad Autónoma garantizará la igualdad de oportunidades entre hombres y mujeres en todos los ámbitos; propiciará la efectiva igualdad del hombre y de la mujer andaluces, promoviendo la democracia paritaria y la plena incorporación de aquella en la vida social, superando cualquier discriminación laboral, cultural, económica, política o social; asegurará la plena equiparación laboral entre hombres y mujeres y así como la conciliación de la vida laboral y familiar; y promoverá la igualdad de hombres y mujeres en todos los ámbitos sociales, laborales, económicos o representativos. (p. 4)

Partiendo de esto, las instituciones andaluzas han de hacer extensivo este deber a un colectivo social y económico tan tradicionalmente invisibilizado y olvidado como es el de las mujeres en el mundo agrario y del mar. Es importante, por consiguiente, comprobar si, en un terreno como el de la comunicación institucional, como medio de contacto directo de las instituciones con la ciudadanía, se alcanzan las expectativas de ese deber cumplido para con las mujeres de estos ámbitos en relación con su visibilidad, igualdad de oportunidades y erradicación de la brecha de género.

Al respecto del tema de la mujer rural, podemos encontrar multitud de documentos institucionales de muy diversa naturaleza: desde las campañas que conmemoran el día internacional dedicado a ella (15 de octubre) hasta documentos informativos sobre medidas y acciones del gobierno autonómico para paliar la brecha de género en este plano socioeconómico. Evidentemente, no es ilógico pensar que en estos discursos se proyecte una imagen de la mujer acorde con las ideas que se defienden en otras campañas en las que se busca específicamente concienciar a la ciudadanía de la necesidad social y económica de la erradicación de la desigualdad. Pero ¿ocurre igual en el discurso institucional no dirigido específicamente a la

---

4. Todavía por aprobar por el Parlamento de Andalucía desde noviembre de 2020, por lo que solo se ha podido consultar su versión «borrador» en https://www.juntadeandalucia.es/servicios/normativa/normas-elaboracion/detalle/207787.html

mujer rural, sino, de forma general, a la población dedicada a las labores agrícolas o pesqueras?

Para contestar a esta pregunta analizaremos, aparte de campañas publicitarias institucionales, otros documentos que caen dentro de la comunicación institucional, y que, por su temática, atañen a este colectivo, provenientes de organismos dependientes de una institución que se ha destacado por la actividad destinada a la consecución de la igualdad, los logros alcanzados y los presupuestos económicos empleados para lograrlos: la Junta de Andalucía (*vid.* Berlanga Fernández 2011).

Como hemos dicho, nuestro objeto de análisis son textos que se anclan en lo que se denomina comunicación institucional. Esta actualmente, como afirma Sotelo Enríquez (2002), utiliza tanto métodos propios de las relaciones públicas, como la publicidad institucional o la identidad visual corporativa, que pretenden ofrecer, más que información sobre sus servicios o productos, lo más íntimo de la organización. Así se proyecta una identidad corporativa cuya imagen es percibida por los públicos[5]. La comunicación institucional llega a tener la función de *marketing informativo*[6], cuyo objetivo es descubrir, configurar y difundir los principios de la identidad de la institución en el mercado de la información (*vid.* Sotelo Enríquez 2008: 200), tanto a nivel interno como externo. Saber conjugar, a través de la información, los objetivos particulares con el *bien común* es la meta de la dimensión pública institucional, que conforma su identidad.

Dado este contexto, nos situamos, para el estudio de este tipo de discurso en una perspectiva holística de análisis como es el Análisis Social del Discurso (Bravo 2015, 2020), y partimos de los presupuestos de la Pragmática Sociocultural (Bravo 1999, 2004, 2009), aplicados a la comunicación institucional, cuya

---

5. Los responsables de las instituciones y sus comunicaciones proyectan una imagen de esta que puede no corresponderse con su identidad. El/los destinatario/s se pueden forjar una imagen que se corresponde con la identidad. Cuando se descubre la incongruencia surgen los conflictos sociales porque la comunidad juzga que ha sido engañada. En España, hemos vivido esta situación hace unos años con el eslogan *Hacienda somos todos*, que, en el juicio del caso Nóos en 2016, en el que estuvieron implicados miembros destacados de la realeza española, fue tildado por la Fiscalía del Estado como «una cuestión de publicidad», dando a entender que no es real. Esto hizo un gran daño al Estado, pues el ciudadano se sintió engañado por algo que parecía un axioma y que todos habíamos creído (*vid.* https://www.elmundo.es/baleares/2016/01/11/5693a093ca4741106e8b4607.html).

6. El *marketing informativo* es definido por Nieto e Iglesias (1993) como «el conjunto de actividades organizadas para difundir mensajes a través de productos informativos, que promuevan o favorezcan relaciones de cambio de ideas y de intereses tangibles e intangibles, en beneficio de personas, instituciones o empresas (pp. 233-234). Tiene como objeto o producto informativo el bien, servicio o ideas que se presentan para su consumo y que comprenden hechos, juicios, opiniones cuyo fin es ser difundidos, fruto de una actividad organizada en el seno de una empresa informativa, interna o externa a ella. En su constitución influyen el modo informativo y el medio de difusión.

finalidad persuasiva hace indispensable aludir a su marcado carácter argumentativo (Alcaide Lara 2023).

El tema del que parte este análisis es el *argumentario* de igualdad de la instituciones andaluzas. Hablar de *argumentario* es hablar indefectiblemente de asociaciones de ideas, tesis, argumentos, etc., que irán conformando nuestros espacios mentales en torno a la mujer y, más concretamente, a la mujer rural, en nuestro caso. La selección léxica y la utilización de estructuras lingüísticas determinan nuestras opiniones acerca de las cosas, conformando, de esta manera, amalgamas de ideas en esos espacios mentales. Esto nutre no solo los discursos, pues son la base de los *topoi* que utilizamos en nuestras producciones lingüísticas, en las que la dimensión argumentativa planea y se evidencia de forma más o menos marcada (*vid*. Fuentes Rodríguez y Alcaide Lara 2002; Alcaide Lara 2021, 2022), sino que afecta a la imagen social de los protagonistas discursivos, enunciativos u objeto de discurso. Los usos lingüísticos hacen posible determinados encadenamientos argumentativos, que repercuten en la imagen de las entidades que tienen parte en el discurso institucional, como hemos mostrado en Alcaide Lara (2014, 2019 y 2021).

En Alcaide Lara (2021 y 2022) tratamos los *topoi* integrados en la herencia cultural del individuo, proveniente de una tradición con origen diverso. Estos funcionan como verdades inmediatas, que pueden ser utilizadas en el discurso directamente en forma de premisas, que llegan a conectarse inferencialmente a conclusiones y tesis (*vid*. Garsen 2007). En nuestro análisis, este componente argumentativo goza de especial relevancia si tenemos en cuenta que forman parte de ese contexto cognitivo que actúa en cualquier intercambio comunicativo, permitiendo mantener, relativizar o desechar creencias que van conformando nuestro pensamiento y opiniones acerca de lo que nos rodea.

Siendo innegable el carácter cultural de los *topoi*, es lógico pensar que los llamados condicionamientos socioculturales, fundamentos del Análisis Social del Discurso, se consideren primordiales en el funcionamiento de los procesos argumentativos: la comunidad hablante posee constructos culturales que condicionan al individuo, poseedor de «espacios mentales» que establecen conexiones semánticas que enriquecen o modifican la percepción del contexto en el que se produce el acto comunicativo (*vid*. Portillo Fernández 2017).

Otro aspecto que hemos de tener en cuenta a la hora de abordar el análisis de este tipo de textos en relación con el *argumentario* utilizado para configurar la imagen de la mujer rural en igualdad es la realidad, constatada desde el Análisis Crítico del Discurso por van Dijk (2000), entre otros, de que el discurso es fuente de información y conformación de la ideología, entendida esta como una representación mental, base del conocimiento y actitudes compartidas por un grupo social. Según este autor (van Dijk 2000: 59), «las ideologías de los grupos organizan creencias grupales relacionadas con dominios, las que a su vez influencian las creencias específicas de sus miembros y forman finalmente la base del discurso», y señalan a los individuos su posición y lo que deben pensar acerca de la realidad social.

Abordar el funcionamiento de los recursos lingüísticos para nombrar a un grupo minoritario, como es la mujer rural, y hacer visible su imagen social solo es posible desde una perspectiva sociocultural. Según esta, siguiendo a Bravo (2020), partiremos de la existencia de premisas y condicionamientos socioculturales en la configuración de las relaciones sociales, para desentrañar los efectos comunicativos del discurso en la imagen de los agentes implicados: «la perspectiva sociocultural del Análisis del Discurso propone situar el texto en su contexto actual de producción, tanto intra como extralingüístico» (Bravo 2020: 842). La multitud de contextos intervinientes en la producción del discurso condicionan la forma de interpretarlo y evaluar lo allí comunicado, dando lugar a efectos sociales que afectan las relaciones interpersonales que se establecen por el discurso mismo, así como a las emociones y sentimientos que transmiten.

En esta perspectiva de análisis son centrales los conceptos de *imagen social*, *actividad de imagen* y *premisa sociocultural*, que aplicaremos en nuestro estudio.

Se parte del concepto de *imagen social* de Goffman (1967), basada en cómo la persona desea verse y ser vista, así como en el deseo de que esa imagen sea respetada en aquellas situaciones comunicativas en las que se encuentre. En nuestras interacciones, podemos producir efectos sociocomunicativos diversos dependiendo de si los deseos de imagen son respetados (efectos corteses), o si, en cambio, se vulneran (efectos descorteses), e incluso podemos perseguir realzar o denigrar nuestra propia imagen como enunciadores (actividades de autoimagen), a veces con propósitos estratégicos (Bravo 2002, 2005; Hernández Flores 2002, 2013; Alcaide Lara 2014, 2019).

En relación con los contenidos de imagen, hemos de considerar las categorías vacías, pero universales, que Bravo (1999, 2002) describe: *autonomía*, la necesidad del individuo de reconocerse, y ser reconocido, como con contorno propio dentro del grupo social en el que se inserta, y la *afiliación*, la necesidad de verse y ser visto aceptado por el grupo y portando las características atribuibles a este.

En este trabajo, nos centramos en los efectos sociocomunicativos que los recursos discursivos pueden producir tanto en seres individuales, como es la propia institución cuando actúa como un ente unitario, como en grupos sociales. En este sentido, es necesario aplicar el concepto de *imagen grupal* (Bravo 2015, 2017), clave cuando alguno de los interlocutores, como es nuestro caso, constituye un grupo o subgrupo social, en el que también se pueden diferenciar las categorías de autonomía y afiliación, es decir, las características que identifican a un grupo frente a otro y la reafirmación de las carácterísticas del grupo como tal (Bravo 2015: 63).

3. Marco metodológico y datos

El objetivo de este estudio es comprobar si el argumentario que se utiliza en las campañas que reivindican la igualdad real y efectiva de la mujer frente al hombre (campañas del 8 de Marzo, Día Internacional de la Mujer) se aplica a la comunicación institucional en Andalucía de forma plena. Especialmente, nos interesan aquellos ámbitos socio-económicos en los que tradicionalmente la mujer ha estado eclipsada, que no ausente, por la figura del varón, como es el mundo rural y del mar, terreno en el que este ha sido el único y exclusivo protagonista, a pesar de que se (re)conoce, aunque invisibilizada, su figura[7].

El término *argumentario* hace referencia, según el *Diccionario de la Lengua Española*, al «conjunto de los argumentos destinados a defender una opinión política determinada» (*DEL, s. v.* 'argumentario'). Habitualmente este término se ha utilizado en el ámbito comercial y el político, como parte de las actividades discursivas encaminadas a los fines marcadamente persuasivos de los discursos asociados a ambos.

En el terreno publicitario comercial un argumentario se define como una recopilación resumida de los mensajes que le interesa transmitir a la marca para persuadir de las buenas razones para adquirir un producto, utilizar un servicio, etc.

En el ámbito político, resulta ser una herramienta tremendamente útil y estratégica de comunicación. Como afirma Gallardo Paúls (2014: 37), «un documento teóricamente concebido para la difusión interna, donde se resume de manera clara la posición del partido referente a cierto tema de actualidad». En este se contienen «indicaciones sobre la posición oficial del partido respecto de los diversos temas. Se instruye así a los mandos y militantes de base sobre la forma de argumentar en la línea de lo defendido por el partido» (*vid.* García y Torregrosa 2007: 325).

Desde nuestro punto de vista, hablar de *argumentarios* es hablar de conformación de opinión. Se trata de promover ideologías, en este caso, casi de carácter universal, pues se persigue luchar por unos derechos ya básicamente asumidos, aunque no conseguidos. Aquí no hablamos de argumentario como género textual, sino como conjunto de tesis claves que van a articular las distintas realizaciones discursivas de las instituciones, teniendo en cuenta que las políticas de género tienen, para la Junta de Andalucía, un carácter transversal que ha de recorrer cualquiera de sus actividades, discursivas o no.

Tal y como lo concebimos, el argumentario estaría conformado por las tesis que han de ser defendidas por las entidades enunciativas, y alrededor de las cuales

---

7. Solo hay que recordar la multitud de monumentos erigidos a la figura de la mujer marinera (o mujer del marinero, en muchas ocasiones) repartidas por todo el litoral español, y a la mujer del campo en zonas cuyas principales actividades económicas son de carácter agrícola.

se desarrolla un proceso argumentativo, según el cual, a cada una de ellas se le encadena una serie de enunciados, agrupados en secuencias descriptivas, narrativas o instructivas, que conformarán las buenas razones para pensar o actuar de acuerdo con esa tesis que se defiende. Se trata, pues, de movimientos argumentativos al servicio, en nuestro caso, de la igualdad entre mujeres y hombres y que, dado el carácter transversal de esta meta, debería subyacer a cualquier actuación discursiva de las instituciones.

En este trabajo, vamos a intentar describir el argumentario desarrollado en el discurso institucional de la Junta de Andalucía en relación con la mujer en un área que tradicionalmente ha estado ligada al hombre. Y, más concretamente, con la clasificada bajo la etiqueta de «mujer rural» y la imagen que, a través de este, se proyecta de ella.

Nuestro propósito es comprobar si este argumentario tiene cabida en los discursos de otras instituciones andaluzas. Nos vamos a centrar en los de una de las consejerías más importantes de la autonomía andaluza: la Consejería de Agricultura, Pesca, Agua y Desarrollo Rural, pues es la que centra sus esfuerzos en los intereses del sector primario en Andalucía. Y nos preguntamos: ¿en el discurso y la publicidad de esta institución, tan importante a nivel económico, también «vemos» a la mujer andaluza en igualdad? Y, por ende, ¿esta institución sigue en su discurso la estela transversal de la igualdad entre hombres y mujeres haciéndolas al menos discursivamente presentes en las actividades motoras de la economía de la Comunidad Autónoma?

Para alcanzar este objetivo, hemos atendido a los recursos lingüísticos empleados en discursos institucionales de diversa naturaleza, centrándonos en la selección léxica realizada para la referencia a la mujer. La selección léxica en el terreno discursivo es fundamental pues resulta indispensable para tejer las redes de relaciones léxicas desde el punto de vista cognitivo. Como afirma Gallardo Paúls (2014: 51), «la elección de las palabras se convierte en cuestión de estrategia desde el momento en que cierto acto de habla aspira a tener algún efecto en su destinatario». El uso del lenguaje y sus efectos perlocutivos dependen notablemente de dicha selección.

Dado que entre los discursos analizados se encuentran los publicitarios, que participan de lo multimodal, nos ocuparemos del material audiovisual empleado en estos, ya que forman parte del paratexto en el que toma todo su sentido el material verbal del discurso.

Por lo tanto, este estudio es un análisis de textos fundamentalmente escritos (en el caso de los formatos audiovisuales, oralizados), aunque, para apoyar nuestros datos, utilizaremos también algunos textos orales mediatizados. Tanto unos como otros tienen como fuente principal la Junta de Andalucía, y, más concretamente, la actual Consejería de Agricultura, Pesca, Agua y Desarrollo Rural, o sus homólogas a través del tiempo[8].

El *destinatario* principal o directo de estos textos son personas dedicadas a labores agrícolas, que, en el caso de la mujer, debieran sentirse identificadas con los recursos lingüísticos empleados si, desde la institución, se busca su integración. Además, en los casos de los textos extraídos de medios de comunicación, el destinatario se amplía sensiblemente, pues estamos ante discursos poliacroásicos (*vid*. Urbina Fonturbel 2013). En estos casos, la institución se juega no ya su credibilidad y su prestigio entre aquellos ususarios y usuarias específicos (*vid*. Sotelo Enríquez 2008), sino su imagen ante la ciudadanía en general, a quienes debe también su labor social de integración de la mujer en todos los niveles socioeconómicos.

El corpus de este trabajo está constituido por un total de 85 textos, como hemos dicho, de diversa naturaleza:

a) Partimos, para definir y describir el argumentario de la mujer en igualdad, de la publicidad lanzada por la Junta de Andalucía, en concreto por el Instituto Andaluz de la Mujer (en adelante IAM), en las campañas del 8 de marzo, Día Internacional de la Mujer, desde 1996 a 2023 (en total, 23 textos). En estas, más que en cualquier otro discurso, podemos observar cuáles son los rasgos de la mujer que esta institución promueve para conseguir conmover al receptor y concienciar de la necesidad de llegar a una sociedad real y efectivamente igualitaria. En esas campañas, se proyecta una imagen de la mujer a través de una serie de ideas que va asociando a la mujer a actividades, actitudes y logros.

b) Manejamos textos pertenecientes a la actual Consejería de Agricultura, Pesca, Agua y Desarrollo Rural, de especial relevancia para los miembros del sector agrario en general, como son los que se centran en la solicitud de seguros agrarios generales, y, estando en Andalucía, los del sector del olivar, y los que informan acerca de las ayudas para el campo en situaciones complejas, como ha sido el caso en 2022 del veto ruso como consecuencia de la invasión de Ucrania por parte de Rusia. A este grupo pertenecen 35 textos de los que componen el corpus. A todos ellos se accede a través de la página web de dicha consejería[9] o a través de la web general de la Junta de Andalucía[10].

---

8. Como se sabe, las consejerías de los gobiernos autónomos cambian sus nombres dependiendo de la estructuración del gobierno en cada legislatura, aunque sectores económicos como el que centra este trabajo siempre han contado con una consejería específica, aunque su nombre cambie de forma escasamente sensible.

9. https://www.juntadeandalucia.es/organismos/agriculturapescaaguaydesarrollorural.html

10. https://www.juntadeandalucia.es

c) Para completar el análisis, utilizamos también documentos relativos al ámbito específico de la mujer rural: campañas conmemorativas del 15 de octubre (Día Internacional de la Mujer Rural), documentos informativos e instruccionales de interés específico para la mujer, publicidad institucional, notas de prensa y noticias de la consejería, etc. En este apartado se incluyen 21 textos.

d) También haremos uso de materiales provenientes de otros organismos públicos andaluces, la Radiotelevisión Andaluza, cadena de televisión autonómica dependiente de la Junta de Andalucía, y, por tanto, institución pública. Conforman este apartado las transcripciones de 6 reportajes emitidos por la cadena citada cuya figura central es la mujer rural (ganaderas, pescadoras, productoras agrarias), emitidos entre 2018 y 2022.

El periodo temporal comprendido en nuestro corpus es 2018 a 2023, correspondiendo este al último año de la X Legislatura, del gobierno del Partido Socialista Español (PSOE), en coalición con Ciudadanos (CC)[11], la XI Legislatura, con gobierno de coalición del Partido Popular (PP)[12] y Ciudadanos (CC), y al primer año de la XII Legislatura, con gobierno en solitario del PP. En este sentido, tenemos que señalar que el grueso del corpus se encuentra situado en el periodo de gobierno de la coalición liberal de PP y CC, para quienes la igualdad de género es requisito indispensable para alcanzar el progreso político y socioeconómico que necesita Andalucía (*vid*. Hernández Flores 2022 y Pano Alamán 2022). Asimismo, este periodo de estudio nos permitirá ver si existe alguna diferencia en el tratamiento dado a la imagen de la mujer en el ámbito socioeconómico del sector primario en los últimos tiempos de gobierno socialista y los primeros del gobierno liberal.

Analizadas las campañas en torno al 8M, hemos registrado los siguientes rasgos que conforman lo que hemos denominado el «argumentario de igualdad» de la Junta de Andalucía, por ser estos los que conforman, campaña tras campaña, con más recurrencia en unos casos que en otros, sus ejes argumentativos[13]:

---

11. Partido ideológicamente de centro.

12. Partido conservador.

13. Somos conscientes de que, como afirma Hernández Flores (2022), «el tratamiento del tema de la igualdad social por parte de una institución política se verá sometido a cambios a lo largo de los años en función de dos factores fundamentales» (p. 60), dependiendo tanto de los acontecimientos sociales (denuncias de casos de desigualdad laboral, violencia machista), o surgimientos de movimientos feministas renovados, como de la ideología de los gobiernos que promueven las campañas.

Tabla 1. Rasgos conformadores del argumentario de igualdad

Rasgos	Campañas 8M
Colaborativa (trabaja en equipo)	2010, 2012, 2013, 2014, 2022
Luchadora (lucha por sus derecho y lo que es suyo)	2006, 2008, 2018, 2021
Necesaria para la productividad de la sociedad	2007, 2020, 2022, 2023
Necesidad de paridad en todos los ámbitos de la vida (nivel social, familiar, doméstico…)	1998, 2018, 2002, 2021
Necesidad de presencia social (olvidadas y silenciadas)	1997, 2016, 2017, 2018
Andaluza (orgullo por Andalucía)	2003, 2004, 2018
Necesita del apoyo de la sociedad	2005, 2009, 2011
Capacidad de decisión	2004, 2014, 2018
Discriminadas (desigualdad salarial)	2018, 2021
Diversas	2021, 2022
Capacidad de progreso	2004
Liderazgo en grupo	2003
Con libertades y derechos heredados	2015
Valientes	2018
Fuertes	2018
Rebeldes	2018
Soñadoras	2018
Vulnerables	2018
Explotadas socialmente	2018
Víctimas de la violencia machista	2021

Fuente: Autoría propia

Evidentemente, hemos de tener en cuenta que en el uso de estos térmi-nos funciona la articulación léxica[14], que se realiza con apoyo de un *punto* nodal (Howarth y Stavrakakis 2000), que se refiere a ciertos significantes o puntos de re-ferencia, en torno a los cuales se organiza cierta cadena de significación. El punto nodal actúa como eje rector de la interpretación de otro término o conjunto de tér-minos, y permite fijar parcialmente el sentido de los términos que articula, determi-nando la interpretación. La ideología del partido gobernante sería en estos casos el punto nodal de los lemas escogidos como tesis de los procesos argumentativos.

---

14. Se llama articulación a cualquier práctica que relaciones ciertos elementos significantes mo-dificando su contenido significativo. Lo que en la lingüística cognitiva de denomina *encuadre* (*vid.* Ga-llardo Paúls 2014: 51).

En lo referente a su recurrencia, la frecuencia con la que se presentan estos rasgos en forma de argumentos en las campañas es la que ofrecemos en el siguiente gráfico:

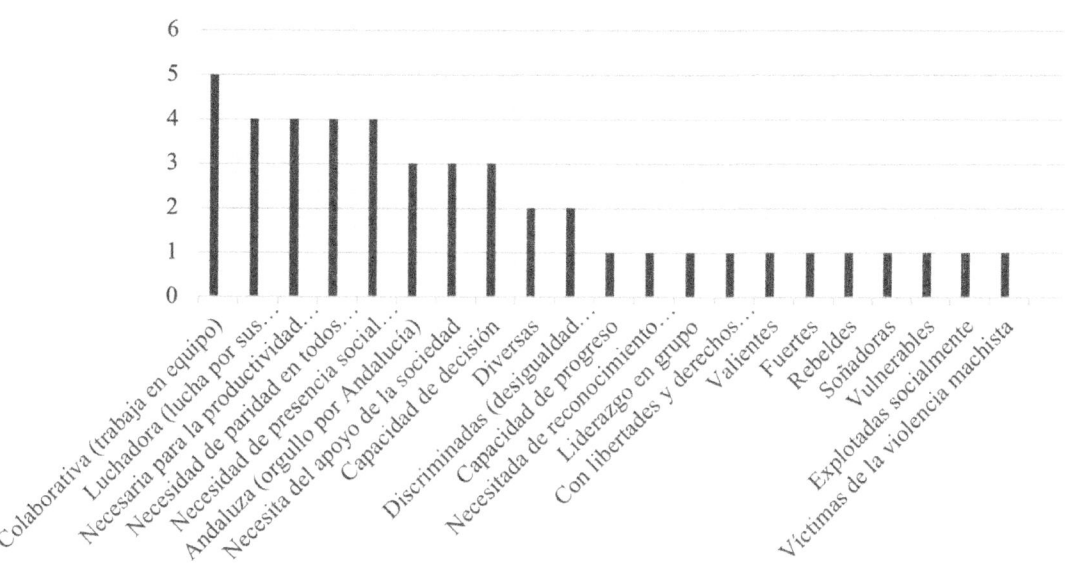

Gráfico 1. Frecuencia de uso de temas del *argumentario*

Como se puede apreciar, los rasgos que más recurrentemente articulan los argumentos de las campañas en las que, desde la institución, se reivindica la igualdad entre mujeres y hombres son la capacidad colaborativa de la mujer para trabajar en equipo, su capacidad de lucha, su capacidad reivindicativa (lo que se traduce en fortaleza), la necesidad de la paridad, trasladado incluso al ámbito doméstico, de estar presente en la sociedad, no oculta ni invisibilizada, y el ser pieza necesaria en el tejido productivo social. A estos les siguen rasgos como la necesidad de ser apoyadas desde la sociedad y las instituciones, su capacidad de decisión, su diversidad y la necesidad de potenciar su presencia social y económica. De acuerdo con esto, en el discurso institucional, dirigido a la ciudadanía, hombre y mujeres en igualdad, debería hacerse evidente algo que, desde estas campañas, la propia institución promueve, si es que esta quiere dar una imagen coherente como corporación que trabaja trasversalmente a este respecto, como dicta el *mainstreaming de género*[15].

---

15. https://www.inmujeres.gob.es/areasTematicas/mainstreaming/home.htm

4. Análisis y resultados

4.1. Análisis de los datos

Nuestro análisis se ha centrado en el empleo de recursos como la deixis personal y la selección léxica realizada para denominar a la mujer que se dedica a la labores agrícolas y, por estar íntimamente unidas a estas, del mar, tanto en textos generales de la Junta de Andalucía, que tienen como destinatarias a todas las personas dedicadas a este sector, tanto hombres como mujeres, como en discursos destinados a la mujer rural específicamente.

En relación con la selección léxica, en el rastreo realizado, hemos detectado los siguientes usos:

Tabla 2. Denominaciones en el discurso institucional

	Masculino (con valor genérico)	Femenino	Epiceno[16]
Los interesados	18		
EL SOLICITANTE	14		
El/los beneficiario/os	16		
Los agricultores	16		
Los ganaderos	4		
El/los citricultor/es	3		
Productores	18		
Productores de cítricos	3		
Destinatarios	5		
Los asegurados	8		
Perceptores	1		
(El) Responsable	2		
Tomador	2		
(Los) Partícipes	1		
Deudor	1		
Receptor	1		

16. Seguimos en este aspecto a Gutiérrez Ordóñez (2019: 666) cuando dice: «el epiceno no es un género ni un sexo. Es una clase formada por nombres (con género) de seres sexuados masculinos o femeninos que no diferencian lingüísticamente el sexo de su referente ni en su significado léxico ni a través de sus morfemas».

	Masculino (con valor genérico)	Femenino	Epiceno
Personas			6
Personas interesadas			9
Persona/s beneficiaria/s			16
Personas solicitantes			4
Personas productoras			2
Persona titular			3
Personas agricultoras			1
Personas afectadas			1
TOTAL	**113**	**0**	**42**

Fuente: Autoría propia

Esto se traduce en una frecuencia de uso de términos con género masculino, con valor discursivo de masculino genérico, mucho mayor que aquellos que presentan un uso epiceno, independientemente de su género gramatical, y ni que decir tiene que, en estos textos, el femenino está ausente:

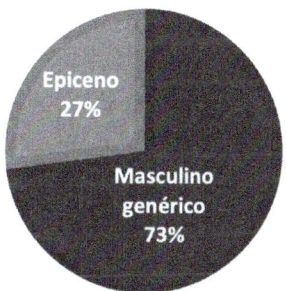

Gráfico 2. Distribución de las denominaciones de acuerdo con el valor de género

Esta invisibilización discursiva se hace evidente incluso en discursos publicitarios institucionales como el de la campaña de 2021, en el que se homenajea a los trabajadores y trabajadoras del campo y de la pesca en la difícil situación de pandemia Covid-19 que se estaba viviendo. Esta campaña, que utiliza el lema «Sois nuestros héroes invisibles», hace gala de una forma de mencionarles típicamente masculinizada, a través del masculino genérico: *vosotros sois nuestros héroes invisibles*, aunque la realmente invisible es la mujer rural, que no aparece bajo ninguna forma de los distintos códigos que se utilizan en este discurso multimodal. Y como muestra el siguiente ejemplo transcrito del *spot* realizado en 2021:

(1) A: quiero dar las gracias como toda Andalucía,
   B: a todos los pescadores, agricultores y ganaderos andaluces
   C: y en general a todos los trabajadores y trabajadoras de la agroindustria anda-
   luza todo mi apoyo.

Como vemos, solo cuando el trabajo se traslada del campo a la industria, las mujeres trabajadoras son explícitamente nombradas, y, por lo tanto, explícitamente señaladas en el discurso. Y esto tiene consecuencias no solo para la imagen que se proyecta (en este caso se deja de proyectar) de la mujer, sino también en la imagen que la institución lanza de sí misma, y que, desde el punto de vista persuasivo, nos lleva al descrédito ante muchas de sus propias actuaciones.

Una de las primeras acciones de las instituciones en favor de la visibilización de las mujeres fue la adopción del llamado «lenguaje inclusivo». Una de las recomendaciones en las que coinciden la mayoría de las guías de buenas prácticas en relación con el lenguaje inclusivo (además de ser la más llamativa por haber trascendido la esfera de lo académico) se centra en el uso sistemático del masculino genérico[17]:

El uso sistemático del masculino (en singular o en plural) para referirse los dos sexos no siempre consigue representarlos, pues, además de crear constantes ambigüedades y confusiones en los mensajes, puede ocultar a la mujer. Para evitar el abuso del masculino es posible acudir a otros recursos de los que la lengua dispone. (Medina Guerra [coord.] 2002: 49)

Y, aunque, como afirma Briz (2011: 43), «no todo masculino genérico tiene que ser sexista», existen en nuestra lengua múltiples opciones para evitar su uso

---

17. Menéndez Menéndez (2006: 42-43), presenta un decálogo en el que se recoge:
   1. Corregir el enfoque androcéntrico de las expresiones, buscando un lenguaje igualitario. Un lenguaje no excluyente permite crear referentes femeninos porque visibiliza a las mujeres, nombra correctamente a varones y mujeres, rompe estereotipos y neutraliza los prejuicios sexistas que afectan a unos y a otras. (…)
   4. El uso innecesario o abusivo del masculino genérico es un obstáculo a la igualdad real entre hombres y mujeres porque oculta a las mujeres y produce ambigüedad. Se evitará su utilización en textos y documentos. (…)
   6. Se utilizarán, siempre que sea posible, las denominaciones de cargos, profesiones y titulaciones en femenino, mediante el morfema de género y/o el artículo. Cuando su uso se haga en plural, se evitará la utilización del genérico masculino. (…)
   8. Los documentos administrativos deben dirigirse a la ciudadanía con fórmulas que nombren específicamente a las mujeres cuando se conoce su sexo. Cuando se desconoce quién será la persona destinataria, se usarán fórmulas que engloben a ambos sexos, evitando el uso del masculino genérico. (…)

abusivo[18] y, con ello, potenciar la visualización de la mujer, sobre todo en aquellos casos en los que, como ocurre en los textos que aquí analizamos, los ámbitos de los que se habla han estado circunscritos a la presencia casi exclusiva del hombre:

> Y es que, al igual que cuando se nos nombra a una persona desconocida únicamente por su apellido (Montesa o Ayala), solemos creer «instintivamente» que se trata de un hombre –puesto que, salvo excepciones, se ha tendido a denominar a las mujeres por su nombre de pila (Guerrero Salazar 2009: 48)–, las expresiones *los médicos*, *los científicos*, *los periodistas* nos evocan una imagen mental de un grupo de hombres, porque en nuestra tradición el supuesto uso «universal» ha escondido en realidad una referencia específica. (Medina Guerra 2016: 189)

A este respecto, Calero Vaquera, Lliteras Poncel y Sastre Ruano (2003: 94-95) hablan de un Principio de Accesibilidad Mixta que forma parte de nuestra competencia lingüística, que condiciona la interpretación apropiada de los referentes de los nombres colectivos mixtos. Siendo esto así, a pesar de que el contexto lingüístico permita una interpretación genérica, el condicionante cognitivo llevará a una interpretación masculina específica en el caso de que la presencia de la mujer en un determinado ámbito se considere reciente, ocasional, extraordinaria, o, como en el caso que nos ocupa, haya estado invisibilizada y ocultada tras la figura masculina. En estos casos, la interpretación genérica será casi nula.

A tenor de lo observado en los textos que hasta ahora hemos analizado, podemos decir que se incumple una de las metas que el argumentario de igualdad de las instituciones andaluzas propugna: la lucha contra la invisibilización. Pues a través de ese uso mayoritario, a veces casi exclusivo, del masculino genérico se mantiene, en este caso en el propio discurso institucional, la preeminencia de la figura del hombre sobre la mujer. Así pues, el mensaje que se lanza no es acorde con el ideario y argumentario de igualdad que se pone en marcha en otros textos institucionales más específicamente dedicados a la luchar por la erradicación de la brecha de género, además de incumplir con la transversalidad social de esta meta.

Otro caso es el de los discursos en la que la mujer ocupa un lugar preeminente. Cuando nos enfrentamos a documentos publicados en las páginas de la Junta de Andalucía o de la Consejería de Agricultura, Pesca, Agua y Desarrollo

---

18. «Para evitar el abuso del masculino genérico, la lengua española posee muchos recursos, por ejemplo, colectivos, perífrasis, construcciones metonímicas, desdoblamientos, barras, explicativas, omisión de determinantes (o empleo de determinantes sin marca de género) ante sustantivos de una sola terminación, estructuras con se, utilización de formas personales genéricas o formas no personales de los verbos. Todas estas soluciones no son posibles en todos los contextos. Se trata de optar por la más adecuada, es decir, aquella que, sin atentar contra la gramática, visualice a la mujer en el discurso» (Medina Guerra [coord.] 2002: 58).

Rural, dependiente de esta, que tratan el tema de la mujer en el ámbito rural, nos encontramos un tratamiento casi general en el que la mujer se presenta como objeto del discurso del cual se van ofreciendo rasgos que potencian las excelencias de las actuaciones institucionales. Es decir, la mujer, en estos casos, y su evolución y desarrollo en el sector agrícola y/o pesquero es utilizada como argumento para llegar a persuadir de sus buenas actuaciones hacia la meta social, transversal, de la igualdad de género. Por ejemplo, en el documento, publicado en la web de la Consejería, el 24 de noviembre de 2022, sobre las actuaciones de la institución para el desarrollo de la igualdad de género en el ámbito rural, nos encontramos que las mujeres son tratadas, desde el punto de vista enunciativo, como objeto de discurso, a través del término *mujeres en el medio rural* o, simplemente, *mujeres*. La institución, en este caso, se erige en locutor-enunciador del texto y se hace presente en este, al igual que en otros muchos de esta naturaleza, como motor que posibilita cambios en el sector agrario, y, por ende, cambios en la vida de la mujer rural:

> (2) La vida de las mujeres en las zonas rurales ha experimentado un gran cambio en las últimas décadas. En la actualidad cuentan con niveles formativos nunca antes alcanzados y cada vez más ocupan puestos que antes les estaban vedados. Asimismo, el medio rural, receptor de importantes apoyos por parte de las diferentes administraciones ha sufrido una enorme transformación que ha permitido la aparición de actividades económicas alternativas a los sectores agroalimentario y pesquero, haciendo emerger actividades empresariales lideradas por emprendedoras. Al mismo tiempo se ha ido consolidando un movimiento asociativo de mujeres que está siendo clave en los procesos de participación social. (https://www.juntadeandalucia.es/organismos/agriculturapescaaguaydesarrollorural/areas/desarrollo-rural/genero.html)

Hemos de hacer hincapié en que, si observamos bien, se está hablando de unas actividades económicas que no son precisamente las que la ciudadanía identifica con la labor de las agricultoras, ganaderas y pescadoras. A la mujer se la nombra relacionada con «actividades económicas alternativas a los sectores agroalimentario y pesquero», y es ahí donde se habla de «emprendedoras»[19]. Luego, se sigue alimentando la idea de que ni el campo ni los barcos son lugares para la mujer. Y así lo vemos en las campañas publicitarias institucionales en torno a aspectos relacionados directamente con las labores agrícolas y pesqueras:

---

19. Emprendedor significa «que emprende con resolución acciones o empresas innovadoras. Es una mujer muy **emprendedora**» (*DEL, s. v. emprendedor*).

Figura 1. Campaña de 2022

Figura 2. Campaña de 2022

Figura 3. Campaña de 2021

Figura 4. Campaña de 2022

Como se observa, la figura del varón es preeminente en todas las imágenes ofrecidas, que no son casos aislados, y es a quien se asocian las labores netamente agrícolas o pesqueras. Las mujeres, si aparecen, lo hacen en segundo plano y de forma borrosa. La figura 2 sí muestra a una mujer claramente, pero es apreciable que quien aparece trabajando el campo es un hombre, y a la mujer, que aparece en primer plano, no se la puede identificar con una labor determinada[20].

De forma general, a la mujer en estos textos, en los que aparentemente es el centro gravitatorio, se la proyecta como:

— Con mayor formación que en otros tiempos.
— Disfrutando del progreso y avance social y económico.
— Con capacidad de liderazgo y emprendimiento.
— Con posibilidades de asociación.
— Con avances en todos los ámbitos de la vida diaria.

Ideas que, por otra parte, no se presentan asociadas a logros de las mujeres, sino como éxitos de la Institución. Y esta también se hace eco de las necesidades que todavía tienen, y que las ligan a la idea del «éxodo femenino del mundo rural», y, por tanto, del abandono del espacio que, por otra parte, demanda. Estas ideas son:

— Falta de oportunidades para el desarrollo personal y profesional.
— Presión social asociada a los roles tradicionalmente femeninos.
— Sobrecarga laboral.

Esto hace que la imagen proyectada de la mujer se ofrezca de una forma distorsionada, pues a la vez que la institución le va allanando el camino con esos planes de actuaciones en favor de la igualdad de género, ella prácticamente se rinde por los retos a los que aún se enfrenta, abandonando el mundo rural, frente al hombre que abnegadamente lucha por mantener la actividad agraria.

Es más, en el texto de octubre de 2022 en que se dan a conocer las experiencias innovadoras de la Dirección General de Desarrollo Sostenible del Medio Rural, de la Consejería de Agricultura y Pesca en colaboración con el IAM, en el marco del Programa de la Red Nacional: Mundo Rural en Femenino, podemos ver que la imagen que se proyecta de la mujer rural es un tanto desoladora, pues, además de hacerlas aparecer como necesitadas del tutelaje de la institución para llegar a implicarlas en su propio desarrollo en la igualdad, las presenta como:

---

20. Esto mismo se repite en la campaña de 2023, que se puede visionar en https://youtu.be/OFj4IP4cJQU, *spot* en que la mujer solo es vista en una imagen, manejando un tractor, frente a numerosos planos de varones dedicados a las diversas actividades agrícolas, y donde se habla exclusivamente de «agricultores» y «ganaderos».

— Carentes de autoestima: no son conscientes de que existen, ni tampoco de sus capacidades y sus necesidades reales; no se creen capaces de lograr sus objetivos, sorteando las adversidades.
— Poco formadas en materia de género y, por lo tanto, no partícipe de esa visión.
— No empoderadas para emprender y crear modelos económicos innovadores.
— Desconocedoras de su entorno, y, por ello, han de ser informadas de otras experiencias.
— Necesitadas de visibilización.

Y para suplir estas carencias, las instituciones se erigen en auténticas entidades que van a trabajar por ellas:

(3) El futuro del mundo rural pasa por implicar a las mujeres en el desarrollo rural en condiciones de igualdad.

Las mujeres jóvenes rurales constituyen un colectivo vital para el sostenimiento de los entornos rurales pero faltan o escasean las opciones laborales para un colectivo cada vez más capacitado.

El proyecto MUNDO RURAL EN FEMENINO, como Plan de formación en autoestima, género y emprendizaje pretende ampliar su número de opciones. (https://www.juntadeandalucia.es/organismos/agriculturapescaaguaydesarrollorural/areas/desarrollo-rural/marco-andaluz/paginas/lidera-coop-nacional-redrural-femenino.html)

Esta visión no casa bien con la que se nos ofrece en discursos, publicitarios o no, que conmemoran el Día Internacional de la Mujer Rural (15 de octubre). En estos, la mujer aparece asociada ideas y conceptos muy valorados en nuestra sociedad. Así se nos presentan en el *spot* con el que se conmemora ese día de la campaña de 2021, en el que, sobrepuestas a imágenes exclusivamente de mujeres dedicadas a labores del sector, incluyendo el campo, aparecen las siguientes palabras:

(4) Eficientes. Decididas. Comprometidas. Valerosas. Andalucía quiere agradecer a las mujeres rurales su compromiso y esfuerzo diario. Agricultoras. Artesanas. Ganaderas. Mujeres de mar… o de tierra adentro. Sois el alma y el motor… de nuestros pueblos. 15 de octubre, Día Internacional de las Mujeres Rurales.

Como puede apreciarse, una imagen muy distinta a la proyectada en los discursos más puramente institucionales, pues a la mujer se la ve realmente empoderada, una figura a la que se le reconoce toda su valía y potencial, desarrollado por ellas mismas, a las que la institución reconoce en toda su amplitud y por sí mismas. Habla de ellas, las nombra, de acuerdo con el trabajo concreto que realizan, trabajos, en épocas anteriores, asociados al varón. Ellas no eran nombradas, ellas no existían. Aquí ya se ven reflejadas: *Agricultoras. Artesanas. Ganaderas. Mujeres de mar… o de tierra adentro*. Aunque las mujeres del sector pesquero, en este aspecto, aún andan muy lejos, fiel reflejo de la casi nula presencia de la mujer en el ámbito más representativo del sector pesquero: la actividad extractiva. De eso da cuenta el no ser nombradas, salvo con un genérico *mujeres del mar*, y el no estar representado, como se ve en la figura 5, ni a través de la palabra ni de la imagen:

Figura 5. Campaña de 2022

Otro caso digno de mención es el de los medios de comunicación dependientes de la Administración, como la RTVA (Radiotelevisión andaluza), dependiente de la Junta de Andalucía. En los últimos años, y la mayoría de las veces con motivo de la celebración del Día Internacional de la Mujer Rural, ofrece reportajes dentro de programas como *Tierra y mar* o *Los reporteros*, o en el marco de los informativos, en los que se intenta hacer una labor de divulgación, a la vez que de reivindicación del papel e importancia de la mujer en el campo. Son discursos, pues, con un gran valor para nuestra investigación. En estos, ya no solo «habla» la institución a través de los medios, sino que esta introduce a un enunciador que representa a las mujeres rurales, y que se erige en ejemplo para la actuación del resto. Es la mujer rural la que habla a otras mujeres rurales, las anima, y, a la vez, denuncia la desigualdad ante el resto de la ciudadanía, haciendo visible su realidad. Por lo tanto, se trata de un discurso con finalidad marcadamente apelativa, directiva, en el que encontramos material lingüístico con los siguientes objetivos:

— Denunciar.
— Reivindicar.
— Divulgar.

¿Qué se denuncia? Una situación de desigualdad que asocia la figura de la mujer a:

— Invisibilizadas tras la figura del hombre, responsable de la propiedad.
— Considerada solo «ayuda familiar».
— Sin aportación a la Seguridad Social y, por lo tanto, despojada de los derechos que esta proporciona.
— Mano de obra barata. Brecha salarial.
— No capacitada para todos los trabajos.
— Perjudicada por los estereotipos y prejuicios machistas.
— Sobrecargada de trabajo.
— Solo presentes en la sociedad por motivos «sociopolíticos» ocasionales (o lo que es los mismo, figura estratégicamente utilizada).

Esto último es llamativo, pues llega hacerse manifiesto no solo ya en el discurso de las propias interesadas, las mujeres entrevistadas o protagonistas de los reportajes, sino, como si fuese la voz de la propia ciudadanía, puede ser constatado por el propio periodista entrevistador. Observemos el siguiente ejemplo proveniente de un reportaje dentro de los informativos de Canal Sur (RTVA):

> (5) PERIODISTA: Me encanta escuchar tu mensaje. Parte visible decías. Por supuesto en la televisión pública de los andaluces, parte para escuchar y para compartir los problemas, las realidades, las aspiraciones de la mujer rural. Porque llega su día. Pero hay que acordarse todos los días del año. Inmaculada Ydáñez, eehh… responsable del Área de Igualdad de COAG, presidenta de CERES, muchísimas gracias por estar con nosotros.
> ENTREVISTADA: Muchas gracias a vosotros por la oportunidad que nos dais de ser visibles, aunque sea una vez al año o poquitas veces al año, pero gracias de todas formas.
> PERIODISTA: Volveremos a insistir, por supuesto que sí. Un abrazo[21]
> (*Informativos*, Canal Sur, 13/10/2016).

En este ejemplo se evidencia la reivindicación de la necesidad de la visibilización de la mujer, que se manifiesta bajo una serie de enunciados que, tanto por parte

---

21. La entrevista puede visionarse en https://www.youtube.com/watch?v=MyYnR580aFM

del periodista como de la entrevistada, realiza una recriminación a la sociedad, y, en particular, a las instituciones que utilizan la figura de la mujer rural en muchas ocasiones para beneficio propio, como hemos visto en discursos antes analizados. En la intervención de la entrevistada hemos de destacar las actividades de imagen que tan hábilmente realiza: una actividad de autoimagen (*doy las gracias por la oportunidad que nos dais de ser visibles [que aprovechamos]*) y una actividad descortés de recriminación (*aunque sea una vez al año…*), atenuada por esa otra actividad cortés (*pero gracias de todas formas*), de agradecimiento, introducida por ese conector de contraposición, que le da mayor peso al agradecimiento que a la recriminación. Su imagen queda reforzada. Su mensaje, más amable, y, por tanto, con muchas más probabilidades de éxito que si se hubiera quedado en la simple recriminación.

Como en el anterior ejemplo, los programas dedicados a la mujer rural suelen estructurarse de forma que tenemos incluso narraciones de vida que se constituyen en actividades de imagen, que nos dibujan a la mujer, a la vez que, con sus exposiciones, el medio (RTVA), en este caso parte de las instituciones, denuncia las situaciones antes citadas, como son los siguientes casos:

— La figura de la mujer eclipsada bajo la del hombre en el mundo agrario. Denuncia constante cuando se habla de ellas:

(6) Tradicionalmente, **los titulares de la tierra, los que gestionaban el campo, han sido hombres.** La mujer trabajaba a la par pero, cuando había una pareja, ella nunca aparecía como titular. Y sin titularidad, ni cotizaban a la Seguridad Social ni cobraban por un trabajo que se consideraba ayuda familiar. En 2011, una ley estatal pionera, la de Titularidad Compartida de las Explotaciones Agrícolas, supuso un gran cambio. Aunque, dependiendo de la comunidad, ha tardado en desarrollarse. Hasta 2018, Andalucía no puso en marcha el Registro de la Titularidad Compartida que incluye a las mujeres copropietarias. (*Los reporteros*. Canal Sur. 17/10/2021[22]).

— Sobrecargada de trabajo:

(7) Pero el gran problema yo creo que básicamente es el de siempre, que es el de la conciliación. Mi día a día empieza atendiendo al campo, después atendiendo a mi familia, después atendiendo la necesidad del proyecto. Todo eso en un día es muy difícil de meter, y, hoy por hoy, aunque hemos avanzado mucho el tema de compartir cargas de igualdad y demás, en general, todavía creo que el hombre sale a atender una de esas cosas, uno de esos aspectos y

---

22. Los Reporteros | Las mujeres del campo reivi... | CanalSur Más (canalsurmas.es) https://canalsurmas.es/videos/33571-los-reporteros-sept-dic-2021-16102021

todavía puede focalizar más su trabajo en una de esas partes. Y nosotras tenemos que seguir compartiendo esa esa actividad con muchas otras cargas
más entonces sigue siendo más duro para una mujer que para un hombre
(*Los reporteros*, Canal Sur, 17/10/2021).

(8) El mundo de la agricultura, el mundo de la ganadería, el mundo del campo
siempre ha estado sostenido por mujeres. Y esto es así. En segundo plano,
vuelvo a insistir, pero llevaban la casa y el ganado adelante. (*Tierra y mar*, Canal Sur [RTVA], 20/3/2023).

— Perjudicada por los estereotipos y prejuicios machistas

(9) PERIODISTA: Yo me imagino con esos 18 años que tenías, siendo ya empresaria,
¿te hacían mucho caso viendo a una niña…?
ENTREVISTADA: A una niña. Bueno, contestaciones. Decían muchos de los trabajadores «he dicho que te vayas a planchar, que me dejes ya tranquilo…»
PERIODISTA: Peero ¿entre bromas o en serio?
ENTREVISTADA: Entre bromas, pero a veces como… como diciendo «cómo vas
a ver poder manejar esto?» «Eres, aparte de ser tan joven, eres mujer». Y yo,
bueno, y ¿qué traba? ¿qué traba tiene esto? «Sí, ¿cómo vas a coger el tractor?» Bueno pues me cogía el tractor me… y ya, al cabo de los años pues se
dieron cuenta que sí que… que podía con esto y aquí estoy.» (*Los reporteros*.
Canal Sur. 17/10/2021).

(10) Compartía despacho con un inspector veterinario, y, cuando entraban los
ganaderos, estábamos uno enfrente al otro, y a la chica de fuera le decían
«¿hoy que está la muchacha o D. Jesús?» Es de las cosas así más curiosas que
a mí me han pasado en mi vida laboral, de que teniendo el mismo puesto, el
mismo nivel, yo era la muchacha y el compañero veterinario era D. Jesús. (*Tierra y mar*, Canal Sur [RTVA], 20/3/2023).

— Reivindican la igualdad y el apoyo de las instituciones en sus proyectos:

(11) Necesitamos de más apoyo institucional, de unas normativas más viables o
más… que vean la realidad del campo para que esa ganadería se pueda desarrollar. Si nos ponen trabas, si nos ponen impedimentos cada vez que necesi… queremos crear una quesería, cada vez que queremos transformar
nuestros productos, no vamos a conseguir los objetivos de frenar la despoblación. (*Tierra y mar*, Canal Sur [RTVA], 20/3/2023).

(12) Es importante que la mujer trabaje en su municipio para que el desarrollo
rural se lleve a cabo, porque si no, ¿qué va a ocurrir? Despoblación. (*Tierra y
mar*, Canal Sur [RTVA], 20/3/2023).

— Esa reivindicación está ligada no a una necesidad sino a una voluntad
(de ahí la reformulación en el ejemplo 10, *cada vez que necesi… que*

queremos…) de mantenerse en su medio. Ellas no se presentan como necesitadas, sino con voluntad e iniciativa. Porque conocen la solución a la despoblación del campo que tanto preocupa a la sociedad (la «España vaciada» de la que en estos momentos hablan tanto instituciones como partidos políticos en sus campañas). De esta forma divulgan ese «ser el motor del sector primario»:

(13) La mujer se queda a vivir, sí, claro, si ve ventajas, se queda a vivir, entonces los pueblos pues… vuelven otra vez. Porque se tienen hijos. Vuelven otra vez a haber vida ¿no? en el pueblo. (*Tierra y mar*, Canal Sur [RTVA], 20/3/2023).

(14) Una mujer se va y se van (*sic*) toda la familia. Se van los hijos, el marido, los padres muchas veces también con ellos. Entonces, mientras que una mujer se quede en el pueblo, los hijos, los maridos, los padres, toda la familia gira alrededor de la mujer. (*Tierra y mar*, Canal Sur [RTVA], 20/3/2023).

— Y divulgan su capacidad, a modo de ejemplo, para otras mujeres y para la sociedad:

(15) VOZ EN OFF: Con proyectos innovadores, o innovando sobre los proyectos de siempre, las mujeres del medio rural siguen buscando su espacio. Nieves es una de las 5000 socias de una cooperativa: Olean, la mayor de primer grado del sector olivarero en Andalucía. También Ángela es socia, la primogénita de tres hermanas, es la que lleva las riendas de la explotación familiar.
ENTREVISTADA: Sooy divorciada, separada, pooo yo estaba al principio con mi padre, después con mi marido. Le ayudaba a mi padre. Y ya llegó un momento que mi situación cambió y entonces pooo tuve que decidir: o dejar el campo en manos de mi cuñado o de algún familiar, o enfrentarme yo a él. Y cuando pasaron dos años decidí de coger mis riendas despacito con un coche, y muy poca envergadura, yo y mi hija, y bueno… de ahí fui remontando, aprendiendo. Y hoy en día pooo… ya es otra cosa. Intentarlo despacito y si te caes no pasa nada. Que los hombres también tienen días bueno y malos en el campo. Me he hecho más fuerte y yo estoy muy orgullosa. (*Los reporteros*. Canal Sur, 17/10/2021).

El uso reiterativo del *yo* sujeto explícito es muy llamativo, pues traduce la voluntad de hacerse presente y protagonista de su propio discurso, a la vez que supone su voluntad de diferenciarse de otros, con los que se contrasta, que no son capaces de actuar como ella. De ahí en valor ejemplificador de esta intervención.

Por otro lado, muy importante es, desde nuestro punto de vista, la selección léxica que se realiza en los medios para nombrar a las mujeres del ámbito rural. Frente al discurso institucional, en el que rara vez oímos hablar de *agricultoras, ganaderas, artesanas, pastoras, apicultoras, veteri-narias*…[23], en el discurso de los medios se ve el esfuerzo por hacer visibles a las mujeres en su trabajo concreto, y no como un colectivo difuso bajo la denominación de la *mujer rural* o *mujer del mundo rural*, denominación en la que caben todas las mujeres que viven en regiones agrícolas y ganaderas, independientemente de su ocupación. En los medios, ellas se autodenominan *agricultoras, ganaderas, apicultoras, artesanas, veterinarias, pastoras, ingenieras agrónomas, empresarias, científicas, gestoras* y *patronas de pesca*[24], denominaciones que en el discurso de los periodistas conviven con *mujeres del campo, mujeres agricultoras, mujeres ganaderas, mujeres patronas de pesca, mujeres del mundo rural, mujeres rurales*, con una aparición cada vez más restringida en favor de las primeras. Y esto tiene consecuencias en su imagen, y, por lo tanto, en la forma de ser vistas: más como personas dedicadas a estas profesiones, que como mujeres a las que se les nombra unidas a una profesión[25] para diferenciarlas de otras mujeres, no de los hombres con su misma profesión.

En el discurso institucional, y solo en el que hemos denominado específico, se va viendo cierta apertura a esta forma de presentar esta realidad, pero solo en aquellos casos en los que su presencia en el discurso está unida a la actuación de las instituciones en fechas señaladas como la del 15 de octubre:

(16) Durante su intervención, Carmen Crespo se ha referido al proceso de definición de los criterios a aplicar en el nuevo marco comunitario y ha puesto en valor que la negociación andaluza ha conseguido que se contemple al «agricultor y agricultora pluriactivo». Además, ha recalcado que la Junta está luchando para que el valor del derecho de las ayudas complementarias a jóvenes agricultores se eleven un 10 % para las mujeres. «Y eso lo vamos a conseguir en la nueva PAC para que, de esta forma, las mujeres inunden de posibilidades las zonas rurales de Andalucía», ha apuntado Crespo antes de comentar que la Consejería andaluza trabaja también para que el pago redistributivo aumente un 5 % para las agricultoras y ganaderas del mundo rural «que están llenando de actividad económica nuestros pueblos». (https://www.juntadeandalucia.es/organismos/agriculturapescaaguaydesarrollorural/servicios/actualidad/noticias/detalle/268950.html).

_____

23. Del sector pesquero no hablamos, porque en este la presencia de la mujer no se percibe.

24. Mujeres patronas de pesca en Conil de la Frontera (Cádiz) - YouTube.

25. Estas estructuras con sustantivos apuestos, aunque no con la función de aposición (*vid.* Fuentes Rodríguez 1989), se caracterizan por presentar un núcleo semántico (*mujer*) y un modificador restrictivo de este (*agricultora*…).

4.2. Resultados

Los resultados del análisis del corpus utilizado en este trabajo se exponen en la siguiente tabla:

Tabla 3. Presencia del *argumentario de igualdad* en los discursos institucionales sobre el ámbito rural

Rasgos de campañas	Discurso institucional específico	Discurso de campañas de la mujer rural	Discurso de medios audiovisuales	Discurso institucional general
Colaborativa (trabaja en equipo)	X	X	X	----------------
Luchadora (lucha por sus derecho y lo que es suyo)	----------------	X	X	----------------
Necesaria para la productividad de la sociedad	X	X	X	----------------
Andaluza (orgullo por Andalucía)	----------------	----------------	----------------	----------------
Necesita del apoyo de la sociedad	X	----------------	----------------	X
Necesidad de paridad en todos los ámbitos de la vida (nivel social, familiar, doméstico…)	X	X	X	----------------
Capacidad de decisión	----------------	X	X	----------------
Necesidad de presencia social (olvidadas y silenciadas)	X	X	X	----------------
Discriminadas (desigualdad salarial)	X	X	X	----------------
Diversas	----------------	----------------	----------------	----------------
Capacidad de progreso	----------------	X	X	----------------
Necesitada de reconocimiento social	X	X	X	----------------

Rasgos de campañas	Discurso institucional específico	Discurso de campañas de la mujer rural	Discurso de medios audiovisuales	Discurso institucional general
Liderazgo en grupo	X	X	X	----------------
Con libertades y derechos heredados	X	----------------	----------------	----------------
Valientes	----------------	X	X	----------------
Fuertes	----------------	X	X	----------------
Rebeldes	----------------	X	X	----------------
Soñadoras	----------------	X	X	----------------
Vulnerables	X	X	X	----------------
Explotadas socialmente	X	X	X	----------------
Víctimas de la violencia machista	----------------	----------------	----------------	----------------

Fuente: Autoría propia.

De esto, podemos deducir que lo que hemos denominado *argumentario de igualdad* de las instituciones andaluzas está presente en un tanto por ciento muy elevado en los discursos que se encuentran en la órbita de las campañas que conmemoran y hacen visible a la mujer rural, ya sea de las propias instituciones (ruedas de prensa, noticias sobre actividades institucionales en torno a este día, etc.), las propias campañas y los programas de la RTVA sobre la mujer rural con motivo de esta celebración, y programados para fechas cercanas a este. En estos casos, el *argumentario* aparece, en forma de enunciados que hacen referencia a dichas ideas, en casi un 73 %.

Llama la atención que en estos discursos no se presenten ideas relacionadas con la violencia machista o con la diversidad, tan silenciadas también en el ámbito rural, y que no se resalte el valor de ser «andaluza» en la propia comunidad. Parece que importa más, en este sentido, el ser mujer que pertenecer a una cultura propia. Y en relación con el rasgo «necesita del apoyo de la sociedad», este solo se dé en los casos en los que la institución habla de los progresos de la mujer como logros propios, pero aparezca en los discursos más centrados en el objetivo de resaltar la figura de la mujer del ámbito rural por sí misma que por lo que significa de responsabilidad social para la institución.

Conclusiones

Como afirma Sotelo Enríquez (2002), el destinatario del discurso institucional no es un mero receptor, sino participante activo, que manifiesta sus opiniones acerca de la situación y obliga a la institución a tenerlas en cuenta, si es que esta quiere gozar de credibilidad y permanecer en la sociedad. El concepto de *opinión pública*, que actúa como juez para decidir qué cuestiones son aceptadas o no por la comunidad, y puede dirigir el curso de una sociedad por su tendencia dominante sobre cada asunto, es fundamental para un discurso como el aquí analizado. Esta surge de la articulación de corrientes colectivas de opinión y de creencias particulares y heterogéneas que se van asociando y que llegan a constituirse en opinión general. Los miembros de una sociedad se pueden adherir a estas opiniones, más si cabe si, como en el caso de las instituciones, estas se erigen en líderes. De ese contacto de ideas surge la llamada opinión pública. Por ello, lo que la institución diga o haga a través de sus discursos tendrá repercusión en la manera de percibir la ciudadanía la realidad y de actuar ante esta. Cuando eso guarda relación con un grupo social, las instituciones han de tener el máximo cuidado y no enviar mensajes contradictorios, como los vistos en los discursos analizados, en los que se ve cierta incoherencia a la hora de proyectar la figura en igualdad de la mujer del ámbito rural. Como hemos explicado, mientras que estas presentan prácticamente los mismos rasgos que el resto de las mujeres cuando se trata de campañas que, de una forma u otra, desde una ideología u otra, enaltecen su figura, proyectando una imagen cuyos rasgos hemos desgranado en las páginas anteriores, en el discurso institucional que trata temas directamente relacionados con ella, estos rasgos se van diluyendo, para pasar absolutamente desapercibidos en los discursos que tienen que ver con asuntos generales o administrativos que afectan a todo ciudadano o ciudadana que se dedique a las labores agrícolas. En estos últimos, la mujer aún sigue eclipsada las más de las veces bajo la figura masculina, y esto se manifiesta en el discurso en un uso mayoritario y abusivo del masculino genérico.

La comunicación institucional tiene entre sus objetivos primordiales construir y desvelar la identidad de la institución. Los contenidos que dan, y la forma de tratarlos a través de unos usos lingüísticos determinados, siempre relacionados con las actividades que su fuente lleva a cabo, configuran una imagen de la institución ante su destinatario específico y ante la ciudadanía. ¿Qué puede llegar a pensar una agricultora, una ganadera, una mujer cualquiera del mundo rural o de la pesca, si observa que solo se ve plenamente representada cuando se trata de campañas conmemorativas, o más o menos representada en discursos institucionales en los que la institución habla de ellas, pero en clave de sus propios logros? ¿Cómo se puede ver a sí misma en estos discursos? ¿Cómo cree ser vista? Por otro lado, ¿qué credibilidad puede tener una institución que, desde unas instancias específicamente dedicadas a ello, intenta promover medidas de igualdad, incluso en los ámbitos administrativos, potenciando un discurso inclusivo, que luego sus propios organismos no siguen?

Con los resultados obtenidos en nuestro análisis solo podemos concluir que la representación de la imagen de la mujer en igualdad y su lucha por conseguirla con el apoyo de la institución puede ser percibida, a tenor de las actuaciones de esa misma institución en discursos que no van dirigidos expresamente a la mujer y en los que esta no es objeto de discurso, como un recursos cuando menos puntual para realizar una labor de autoimagen de la propia institución más que como una sincera proyección de la mujer en igualdad. Esto resta credibilidad a la institución, y, por su puesto, a la función persuasiva de sus discursos, incluyendo los reivindicativos, que parecen quedarse en el vacío de lo superfluo e inútil a la vista de la ciudadanía.

Es recomendable, pues, que las instituciones hagan un esfuerzo para que, al menos a través de sus discursos, se muestre cierta coherencia en este deber transversal, que lo es, de luchar por la igualdad real, efectiva y plena de todas las mujeres, y en especial de un colectivo como el rural que ha estado tan invisibilizado. Con unos comportamientos discursivos contradictorios no se puede llevar a cabo una labor persuasiva efectiva.

Referencias bibliográficas

Alcaide Lara, Esperanza R. (2014): «La relación argumentación-(des)cortesía en el discurso persuasivo». *Pragmática Sociocultural*, 2 (2): 223-261.

Alcaide Lara, Esperanza R. (2019): «Imagen social y contextos socioculturales en el discurso publicitario institucional español con fines sociales». *Pragmática Sociocultural*, 7 (3): 297-334.

Alcaide Lara, Esperanza R. (2021): «Guías de buenas prácticas y prácticas discursivas "no tan buenas": los *topoi* sedimentados en el discurso institucional». En Catalina Fuentes Rodríguez (ed.), *Argumentación y discursos*. Madrid: Arco Libros: 17-42.

Alcaide Lara, Esperanza R. (2022): «Implicaciones socioculturales del uso de la expresión *mujer transexual (trans)* en el discurso periodístico en Andalucía». *Círculo de lingüística aplicada a la comunicación*, 91: 79-96.

Alcaide Lara, Esperanza R. (2023): «De la Pragmática Lingüística a la Pragmática Sociocultural en el análisis del discurso institucional. Una reflexión». En Esperanza R. Alcaide Lara y Trinidad Núñez Domínguez (eds.), *Mujer, mujeres andaluzas: proyectando imágenes sociales y narrativas*. Sevilla: Editorial de la Universidad de Sevilla: 19-41.

Berlanga Fernández, Inmaculada (2011): «Comunicación audiovisual y mujer. Evolución y nuevos formatos en las campañas publicitarias de violencia de género». *Revista Icono*, 14, 9 (1): 145-160.

Bravo, Diana (1999): «¿Imagen "positiva" vs. imagen "negativa"? Pragmática socio-cultural y componentes de *face*». *Oralia. Análisis del discurso oral*, 2: 155-184.

Bravo, Diana (2004): «Tensión entre universalidad y relatividad en las teorías de la cortesía». En Diana Bravo y Antonio Briz Gómez (eds.), *Pragmática sociocultural: estudios sobre el discurso de cortesía en español*. Barcelona: Ariel: 15-38.

Bravo, Diana (2009): «Pragmática, sociopragmática y pragmática sociocultural del discurso de la cortesía. Una introducción». En Diana Bravo, Nieves Hernández Flores y Ariel Cordisco (eds.), *Aportes pragmáticos, sociopragmáticos y socioculturales a los estudios de la cortesía en español*. Estocolmo/Buenos Aires: Programa EDICE/ Dunken: 31-68.

Bravo, Diana (2015): «Pragmática sociocultural para el análisis social del discurso: actividades de imagen como estrategias argumentativo-discursivas en situación de testimonio judicial». En Diana Bravo y María Bernal (eds.), *Perspectivas sociopragmáticas y socioculturales del análisis del discurso*. Buenos Aires: Dunken: 49-84.

Bravo, Diana (2017): «Cortesía en español: negociación de face e identidad en discursos académicos». *Texts in Process*, 3 (1): 49-127.

Bravo, Diana (2020): «Pragmática sociocultural para el análisis de los aspectos sociales del discurso». En M.ª Victoria Escandell Vidal, José Amenós Pons y Aoife K. Ahern (eds.), *Pragmática*. Madrid: Akal: 481-497.

Briz Gómez, Antonio (coord.) (2011): *Guía de comunicación no sexista*. Madrid: Instituto Cervantes / Aguilar.

Calero Vaquera, M. Luisa; Lliteras Poncel, Margarita y Sastre Ruano, M. Ángeles (2003): *Lengua y discurso sexista (Guía de estilo 1)*. Valladolid: Junta de Castilla y León.

Dirección General de Desarrollo Rural, Innovación y Formación Agroalimentaria (2021): *Diagnóstico de la igualdad de género en el medio rural 2021*. Madrid: Centro de Publicaciones del Ministerio de Agricultura, Pesca y Alimentación.

Fuentes Rodríguez, Catalina (1989): «De nuevo sobre la aposición». *Verba: anuario galego de filoloxia*, 16: 215-236.

Fuentes Rodríguez, Catalina y Alcaide Lara, Esperanza R. (2002): *Mecanismos lingüísticos de la persuasión*. Madrid: Arco Libros.

Gallardo Paúls, Beatriz (2014): *Usos políticos del lenguaje. Un discurso paradójico*. Barcelona: Anthropos Editorial.

García López, Marcial (2007): «Publicidad institucional. Una necesaria reflexión contracorriente». *Redes.com: revista de estudios para el desarrollo social de la Comunicación*, 4: 291-306.

García Jiménez, Antonio y Torregrosa Carmona, Juan Francisco (2007): «Una aproximación a la documentación en comunicación política». *Documentación de las Ciencias de la Información*, 30: 315-327.

Garsen, Bart (2007): «Esquemas argumentativos». En Roberto Marafioti (coord.), *Parlamentos: teoría de la argumentación y debate parlamentario*. Buenos Aires: Biblos, 19-35.

Goffman, Erving (1967): *Interactional Ritual. Essays on Face-to-Face Behavior*. Doubleday.

Gutiérrez Ordóñez, Salvador (2019): «Género, sexo y formación de femeninos». *Moenia*, 25: 655-685.

Hernández Flores, Nieves (2002): *La cortesía en la conversación española de familiares y amigos: La búsqueda de equilibrio entre la imagen del hablante y la imagen del destinatario*. Institut for Sprog og Internationale Kulturstudier, Aalborg Universitet.

Hernández Flores, Nieves (2013): «Actividad de imagen: caracterización y tipología en la interacción comunicativa». *Pragmática Sociocultural*, 1 (2): 175-198.

Hernández Flores, Nieves (2022): «La imagen de la mujer en las campañas institucionales andaluzas sobre igualdad de género. Un estudio de las notas de prensa». *Pragmática Sociocultural*, 10 (2): 58-79.

Howarth, David y Stavrakakis, Yannis (2000): «Introducing Discourse Theory and Political Analysis». En David R. Howarth, Alleta J. Norval y Yannis Stavrakakis (eds.), *Discourse Theory and Political Analysis: Identities, Hegemonies and Social Change*. Manchester: Manchester University Press: 1-37.

Magallón Rosa, Raúl (2020): «La publicidad institucional en España. Evolución legislativa, tecnológica y social». *Área Abierta. Revista de Comunicación audiovisual y publicitaria*, 20 (3): 385-400.

Medina Guerra, Antonia María (coord.) (2002): *Manual de lenguaje administrativo no sexista*. Málaga: Asociación de Estudios Históricos sobre la Mujer de la Universidad de Málaga / Área de la Mujer del Ayuntamiento de Málaga.

Medina Guerra, Antonia María (2016): «Las alternativas al masculino genérico y su uso en el español de España». *Estudios de Lingüística Aplicada*, 64: 183-205.

Menéndez Menéndez, M.ª Isabel (2006): *Lenguaje administrativo no sexista*. Sevilla: Instituto Andaluz de la Mujer.

Pano Alamán, Ana (2022): «Configuración de la imagen social de la mujer en las redes sociales del Instituto Andaluz de la Mujer». *Pragmática Sociocultural*, 10 (2): 5-25.

Portillo, Jesús (2017): «*Topoi* y espacios mentales». *Tonos digital: revista electrónica de estudios filológicos,* 32. http://www.tonosdigital.com/ojs/index.php/tonos/article/view/1647

Sotelo Enríquez, Carlo (2001): *Introducción a la comunicación institucional*. Barcelona: Ariel.

Urbina Fonturbiel, Raúl (2013): «Poliacroasis y argumentación emocional: el discurso publicitario y la retórica cultural». *Tonos digital*, 24: 11-23 (Recuperado de https://digitum.um.es/digitum/bitstream/10201/35841/1/Poliacroasis%20y%20argumentaci%c3%b3n%20emocional.%20El%20discurso%20publicitario%20y%20la%20ret%c3%b3rica%20cultural.pdf)

Van Dijk, Teun A. (2000): «El discurso como interacción en la sociedad». En Teun van Dijk (comp.), *El discurso como interacción social*. Barcelona: Gedisa, vol. II, 19-66.

Capítulo 7

Tratamiento de la argumentación en la enseñanza secundaria

Damián Moreno Benítez
Grupo APL. Universidad de Sevilla

1. Introducción

En los últimos decenios se ha producido un gran avance en el estudio de la Pragmática y, particularmente, de la Argumentación, aportando nuevas perspectivas de análisis y de comprensión de la realidad lingüística, pero estos esclarecedores resultados apenas llegan a las aulas de secundaria obligatoria o de bachillerato y, si lo hacen, son calas terminológicas parciales que contribuyen al efecto contrario, a ese mal que padece la Lingüística prácticamente desde su creación, la confusión terminológica y la disputa entre diferentes escuelas o tendencias.

En este artículo pretendemos ver el estado de la cuestión, es decir, en qué medida se estudia los aspectos pragmáticos y, en especial, la argumentación en la enseñanza secundaria, para, a partir de aquí, proponer posibles retos que deberían abordarse si hubiera una mayor fluidez comunicativa entre los resultados científicos y la didáctica de la lengua.

Para ello partimos de los presupuestos metodológicos de la Lingüística pragmática (Fuentes Rodríguez 2005a, 2005b, 2013a, 2013b, 2014, 2017a [2000], 2017b) y la Teoría de la argumentación (Fuentes Rodríguez y Alcaide Lara 2002), entendiendo la pragmática no como un nivel de análisis o como algo opuesto a la gramática, sino como una perspectiva desde la que estudiar el hecho lingüístico. Esto significa que lo discursivo (y sus unidades: enunciados, párrafos, textos…) puede estar también codificado, que puede existir una sintaxis discursiva o macrosintaxis (Blanche-Benveniste 2003; Berrendonner 1990).

Por otra parte, hemos analizado diferentes libros de texto de diversas editoriales (Oxford, Anaya, McGraw Hill) y contamos con la experiencia de décadas de docencia en institutos de secundaria. También hemos tenido en cuenta las diferentes leyes educativas de los últimos años en España (LOGSE, LOE, LOMCE, LOMLOE) en las que se proponen los objetivos, contenidos y criterios de evaluación de las diferentes etapas y materias impartidas en la secundaria.

Así, en primer lugar, nos situaremos en qué consiste la Argumentación y como se configura dentro de la Lingüística pragmática, centrándonos en aspectos que pueden ser rentables para el desarrollo de la competencia lingüística en secundaria. En segundo lugar, veremos cómo se imparten actualmente los contenidos relativos a la Pragmática y, particularmente, a la Argumentación, en la programación de la enseñanza secundaria. Para, por último, llegar a esos retos o propuestas de incorporación y modificación de los currículos de la materia de Lengua y literatura.

2. La argumentación en la lengua

Seguimos el enfoque de la Lingüística pragmática (Fuentes Rodríguez 2017a [2000]), según el cual la pragmática no es un nivel más de análisis de la lengua, ni tampoco algo externo a esta, sino una perspectiva desde la que observar el hecho lingüístico. Para llevar a cabo esta perspectiva debemos partir de los elementos lingüísticos que operan en los planos que tradicionalmente se han establecido: fónico, morfosintáctico o léxico-semántico. Estos conforman la microestructura de un texto dado. Pero, a continuación, debemos observar que en la producción de ese texto intervienen el hablante y el oyente a través de diferentes planos: enunciativo, informativo, modal y argumentativo, en lo que conforma la macroestructura. Además, existe una superestructura en la que hablante y oyente se sitúan y se retroalimentan: el tipo de texto, el registro, el género, en función de la situación comunicativa.

La propuesta modular y jerárquica de Fuentes Rodríguez (2017a [2000]) se resume en la siguiente tabla:

Tabla 1. Propuesta modular

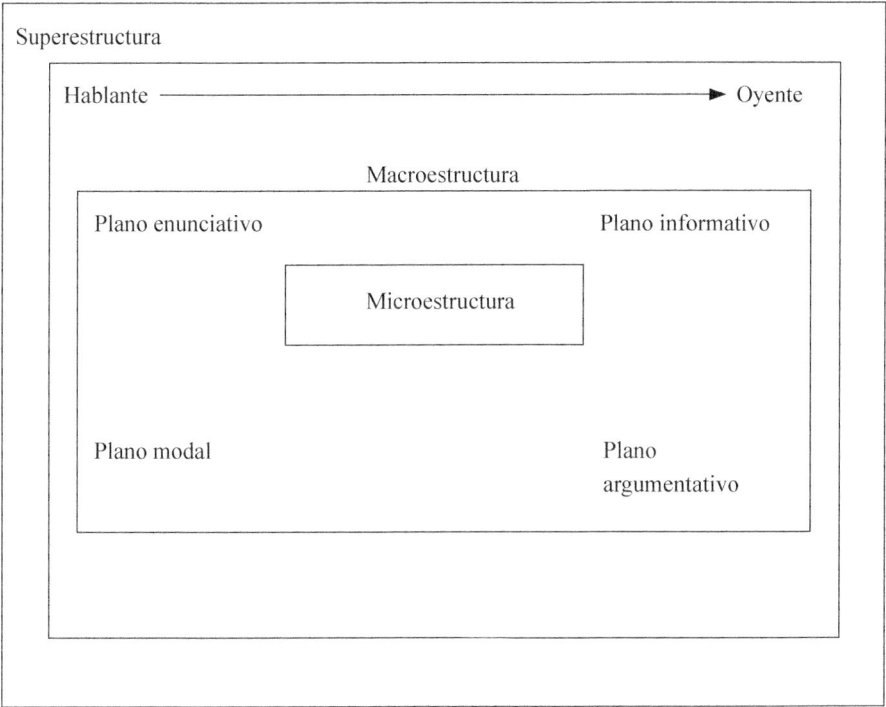

Los planos enunciativo y modal se sitúan en la esfera del hablante, puesto que tienen que ver con la producción propiamente dicha, es decir, en el plano enunciativo se observan los elementos relativos al hecho de hablar, de enunciar, y el grado de implicación del hablante en lo que dice, y en el plano modal se presenta la actitud del hablante ante lo que dice. Por otra parte, los planos informativo y argumentativo están más enfocados en el oyente, puesto que en el plano informativo se comprueba cómo el hablante dispone la información en función de las necesidades comunicativas que observa en el oyente y ello se puede reflejar en la organización, en la focalización de la información, etc.; por su parte, el plano argumentativo pone en relevancia cómo el hablante destaca ciertos elementos de lo que dice con una finalidad persuasiva, con el objetivo de transmitir al receptor su percepción de las cosas.

Ahora bien, hay que tener en cuenta la multifuncionalidad de muchos de los elementos lingüísticos, de manera que un operador enunciativo, por ejemplo, también puede tener un rendimiento en el plano argumentativo en un contexto dado, o un elemento modal igualmente puede conllevar una función argumentativa y viceversa.

La argumentación, por tanto, es un plano macroestructural, es decir, es una dimensión que puede estar presente en cualquier enunciado o en cualquier texto siempre que el hablante la active en virtud de una intención persuasiva, es decir, siempre que quiera que el oyente asuma la visión de lo dicho por el hablante, condicionándolo por medio de una serie de mecanismos lingüísticos. Así, en un ejemplo paradigmático como son los titulares de prensa de las noticias, un género periodístico que supuestamente es objetivo o veraz, podemos observar los siguientes enunciados sobre un mismo hecho:

(1) Las víctimas afectadas por las excarcelaciones tras la 'ley del solo sí es sí' podrán pedir dispositivos telemáticos de protección (*elpais.es* 17/01/2023).
(2) Montero ordena dar pulseras de vigilancia a las víctimas de agresores beneficiados por su ley del 'sólo sí es sí' (*elmundo.es* 18/01/2023).
(3) Pulseras «trampa» para tapar la chapuza del «solo sí es sí» (*La razón*, 26/01/2023).

El primer enunciado (1), perteneciente a *El País,* presenta como sujeto a las víctimas, utiliza una perífrasis verbal modal de posibilidad como núcleo del predicado (*podrán pedir*) y se refiere a las pulseras como *dispositivos telemáticos de protección*. En cambio, (2), del diario *El Mundo*, coloca a la ministra de Igualdad, nombrada por su apellido (*Montero*) como sujeto de un verbo performativo, *ordena*; las víctimas aparecen como complemento indirecto y se les añade *de agresores beneficiados por la ley; las pulseras de vigilancia* son el complemento directo de *dar*. Por su parte, en *La razón*, (3), es un enunciado nominal cuyo núcleo son los dispositivos, denominados *Pulseras «trampa»*, acompañados de un grupo preposicional con una oración cuyo núcleo es *tapar* y el complemento directo *la chapuza del…* referido a la ley.

Vemos, por tanto, que en los tres titulares hay argumentación. Esta se constata en la disposición sintáctica que focaliza determinados elementos informativos frente a otros, en el uso de perífrasis modales, verbos performativos o de carácter connotativo, como *tapar*, en la selección del léxico: *víctimas afectadas por las excarcelaciones / víctimas de agresores beneficiados por la ley* o *dispositivos telemáticos de protección / pulseras de vigilancia / pulseras «trampa»*. El hecho objetivo que sería «El ministerio de Igualdad facilita a las víctimas de agresores sexuales unos dispositivos de protección tras las excarcelaciones derivadas de la aplicación de la ley de 'solo sí es sí'» es enunciado de diferente modo en cada uno de los titulares. Incluso para un lector que desconociera la inclinación ideológica de cada cabecera, sería fácil deducir que en (1) se presenta la medida como adecuada para las víctimas y se le pretende dar apariencia de objetividad, de ahí el uso de los adjetivos relacionales (Moreno Benítez 2010) en la denominación de las pulseras (*dispositivos telemáticos*), a la que se le añade el significativo complemento del nombre *de protección*; en (2), en cambio, se quiere destacar que se trata de una ministra impositiva (*Montero ordena*), que quiere imponer *su* ley, a pesar de los *agresores beneficiados*; y, por último, en (3), el rechazo a ley y al Gobierno es total, ya que define el hecho con un enunciado nominal formado por el núcleo *pulseras* y un modificador en aposición con un uso connotativo, metafórico, muy ilustrativo: «*trampa*». Aquí hay un movimiento argumentativo muy interesante, puesto que no son una «trampa» para los agresores excarcelados, ni tampoco para las víctimas, sino para los ciudadanos. Por el grupo preposicional que le sigue se nos aclara el sentido de esa expresión: es una medida del Gobierno para «tapar» la «chapuza» de la ley. Es decir, se añaden dos metáforas más de carácter axiológico negativo: la ley es una chapuza que hay que ocultar o disimular y en esto consistiría la trampa.

La argumentación, por tanto, puede aparecer en cualquier tipo de texto: en una noticia, en un poema, en un texto científico, en un informe policial, en una conversación cotidiana, sin que se trate necesariamente de un texto de los llamados tradicionalmente argumentativos, como un artículo de opinión, una columna, una crítica o un texto publicitario. En este punto, entramos en el concepto de superestructura, es decir, en aquellas tradiciones comunicativas, aquellos géneros o modelos de expresión que utilizamos para determinadas situaciones y entornos. Numerosos estudiosos han intentado sistematizar esas tipologías textuales, como el caso de Adam (1991 y 1992) que distingue cinco tipos de texto: narrativo, argumentativo, dialogal, explicativo y descriptivo. O Roulet (1991, 2000), quien presenta el siguiente esquema:

Tabla 2. Secuencias de Roulet

Secuencias		Dimensiones
Dialógica		Autotélica o poética
Monológica	Narrativa	
	Procedural	Argumentativa
	Expositiva	

Roulet (1991) distingue entre secuencias (fragmentos discursivos caracterizados por una tipología textual) dialógicas y monológicas, según aparezcan entre dos o más interlocutores o sea una sola voz. Dentro de la monológica, puede ser narrativa, procedural (instruccional en otras nomenclaturas) o expositiva. Además, en todas estas secuencias se pueden dar simultáneamente o alternar dos dimensiones: autotélica (o poética) y argumentativa, de manera que un texto puede ser narrativo, pero también poético y argumentativo. Sería el caso, por ejemplo, del *Lazarillo de Tormes*, un texto narrativo y literario (poético) y al mismo tiempo argumentativo tanto en algunos de sus pasajes como en el significado global de la obra, puesto que los hechos narrados se presentan como una forma de justificación del *buen puerto* al que el narrador ha llegado.

Fuentes Rodríguez (2017 [2000]) parte de este esquema de Roulet para configurar la siguiente tabla:

Tabla 3. Secuencias de Fuentes Rodríguez

Super y macroestructura	Dimensiones (Combinables)	Enunciación
Secuencias		
Narrativa	Argumentativa	Dialogal
Expositiva: descriptiva deliberativa	Poética	Monologal: monológica dialógica
Instruccional		

De esta forma se soluciona un problema que presentaba la segmentación de Roulet (1991) al separar el diálogo del resto de secuencias, ya que dentro en un diálogo también puede haber narración y exposición, por ejemplo. Fuentes Rodríguez (2017 [2000]), al añadir como un factor enunciativo la polifonía, es decir, el hecho de que en un discurso dado pueda haber diferentes voces, todos los textos se pueden clasificar entre dialogales o monologales, independientemente de las secuencias que luego se adviertan (narrativa, expositiva, etc.). Incluso, añade la posibilidad de que un texto monologal contenga también otras voces, es decir, sea polifónico: sería monologal dialógico, aunque siempre proferido desde un solo locutor. Al mismo tiempo, se pueden añadir las dos dimensiones: poética y/o argumentativa. Por otra parte, en el lado izquierdo, incluye la descripción como un subtipo de la exposición, de manera que esta puede ser descriptiva o deliberativa, en función de si se exponen objetos, personas o lugares (descriptiva) o hechos, sucesos, procedimientos (deliberativa).

Por otro lado, el concepto de secuencia nos lleva a considerar las unidades lingüísticas que encontramos en la macroestructura textual: entre el texto y el enunciado hay otras unidades intermedias, como son la secuencia y el párrafo o parágrafo en el caso de los textos monologales, que en los textos dialogales serían el intercambio y la intervención:

Tabla 4. Unidades de la macroestructura

TEXTO	
SECUENCIA(S)	
PÁRRAFO(S)	INTERCAMBIO(S)
	INTERVENCIONES
ENUNCIADO(S)	

El enunciado es la unidad mínima discursiva y se sitúa entre dos pausas fuertes, equivalente en la escritura al punto. Tiene un sentido completo puesto que se sitúa en un contexto comunicativo. No necesariamente tiene que tener una estructura sintáctica oracional, pues existen enunciados nominales, por ejemplo, como hemos comprobado en (3). En los márgenes de estos enunciados se sitúan a veces operadores discursivos, sea en el margen izquierdo, sea en el derecho. Además, los enunciados se pueden enlazar en el texto por medio de conectores, pero también por cohesión léxica o por medio de la deixis. A su vez, en textos más extensos, los enunciados se pueden agrupar en párrafos. Estos son unidades temáticas que giran en torno a una idea y se separan de otros párrafos por un punto y aparte en la escritura o una pausa larga en lo oral. Igualmente se pueden enlazar los párrafos mediante conectores o, al igual que los enunciados, mediante cohesión léxica o deixis. En los textos dialogales, en lugar de párrafos, encontramos intercambios, es decir, un grupo de dos o más intervenciones entre dos o más locutores que versan sobre un tema. Las intervenciones tienen que ver con el turno de palabras, es decir, cada vez que toma la palabra un interlocutor.

El escalón siguiente sería la secuencia, que puede ser un enunciado, un párrafo / intercambio o varios enunciados, varios párrafos / intercambios que tienen en común una tipología textual. Es decir, un texto puede tener una sola secuencia si es homogéneo, si es, por ejemplo, todo narrativo, mientras que habitualmente, pues son heterogéneos, tienen más de una secuencia: narrativa, expositiva (descriptiva / deliberativa), instruccional. Así, poniendo un ejemplo que se imparte en Bachillerato, si pensamos en una obra como *El árbol de la ciencia*, de Pío Baroja, encontramos un texto cuyo marco es narrativo, pero que dentro incluye secuencias dialogadas (monologal dialógico), cuyos intercambios a menudo contienen secuencias expositivas deliberativas, pues los personajes Andrés y su tío Iturrioz discuten sobre temas filosóficos. Sin tener en cuenta las numerosas secuencias descriptivas que hay en la novela.

Por último, hemos comentado al hilo de estas unidades, dos elementos que son característicos de la macrosintaxis discursiva: los conectores y los operadores. Se trata de los marcadores discursivos (Schiffrin,1985; Traugott 1995; Martín Zorraquino 1999), elementos lingüísticos que operan en la macrosintaxis.

Fuentes Rodríguez (2020, 2021) hace esta distinción, puesto que unos sirven para unir enunciados o párrafos, los conectores, mientras que otros operan sobre todo el enunciado sobre el que inciden o sobre un segmento de este, los operadores. Los operadores pueden especializarse en los distintos planos macroestructurales, de manera que existen operadores enunciativos, informativos, modales y argumentativos (Martín Zorraquino 1998; Fuentes Rodríguez y Gutiérrez Ordóñez 2019; Fuentes Rodríguez, Brenes y Pérez Béjar 2021; Fuentes Rodríguez 2022; Moreno Benítez 2018, 2019, 2020, 2021). También se podría considerar que hay conectores (Martín Zorraquino 1999) enunciativos, informativos, modales y argumentativos, aunque la bibliografía sobre el tema no los suela registrar así.

3. La pragmática en la enseñanza secundaria

3.1. La normativa de secundaria

Antes de entrar de lleno en la revisión del tratamiento que se da a la Pragmática y a la Argumentación en la enseñanza secundaria, es necesario observar cómo se introduce en los planes de estudios vigentes. Las últimas leyes educativas en España (LOGSE, LOE, LOMCE y LOMLOE) coinciden curiosamente en dar mucha importancia a la llamada «competencia comunicativa», que es una competencia clave que se recoge ya en la LOE[1], siguiendo las competencias clave recogidas en la Recomendación del Consejo de la Unión Europea. En la LOMLOE[2], la ley más reciente, de aplicación actual, estas competencias clave se recogen en el denominado Perfil de salida, es decir, en la situación que tiene que tener el alumnado al término de la educación primaria. La denominación de esta competencia en la LOMLOE es «competencia en comunicación lingüística» y se describe:

> La competencia en comunicación lingüística supone interactuar de forma oral, escrita, signada o multimodal de manera coherente y adecuada en diferentes ámbitos y contextos y con diferentes propósitos comunicativos. Implica movilizar, de manera consciente, el conjunto de conocimientos, destrezas y actitudes que permiten comprender, interpretar y valorar críticamente mensajes orales, escritos, signados o multimodales evitando los riesgos de manipulación y desinformación, así como comunicarse eficazmente con otras personas de manera cooperativa, creativa, ética y respetuosa.

---

1. Ley Orgánica 2/2006, de 3 de mayo, de Educación.
2. Ley Orgánica 3/2020, de 29 de diciembre, por la que se modifica la Ley Orgánica 2/2006, de 3 de mayo, de Educación.

La competencia en comunicación lingüística constituye la base para el pensamiento propio y para la construcción del conocimiento en todos los ámbitos del saber. Por ello, su desarrollo está vinculado a la reflexión explícita acerca del funcionamiento de la lengua en los géneros discursivos específicos de cada área de conocimiento, así como a los usos de la oralidad, la escritura o la signación para pensar y para aprender. Por último, hace posible apreciar la dimensión estética del lenguaje y disfrutar de la cultura literaria. (https://educagob.educacionyfp.gob.es/).

Esta competencia se desarrolla en unos «descriptores operativos» según los cuales al finalizar la educación obligatoria el alumnado, entre otros,

CCL1. Se expresa de forma oral, escrita, signada o multimodal con coherencia, corrección y adecuación a los diferentes contextos sociales, y participa en interacciones comunicativas con actitud cooperativa y respetuosa tanto para intercambiar información, crear conocimiento y transmitir opiniones, como para construir vínculos personales.

CCL2. Comprende, interpreta y valora con actitud crítica textos orales, escritos, signados o multimodales de los ámbitos personal, social, educativo y profesional para participar en diferentes contextos de manera activa e informada y para construir conocimiento. (ídem).

Es decir, tiene que ver con la expresión oral y escrita, así como la comprensión oral y escrita de textos de todo tipo. Por lo tanto, la relación con el desarrollo de la Pragmática, el estudio de la lengua en uso, no puede ser más evidente.

Estas competencias básicas deben ser desarrolladas transversalmente, es decir, en todas y cada una de las materias impartidas en secundaria, aunque es evidente que hay materias más afines, como son las lingüísticas. Por otra parte, la LOMLOE recoge unas competencias específicas de cada materia de secundaria. Así, para la asignatura de «Lengua castellana y literatura» propone diez competencias específicas que van a generar diferentes criterios de evaluación. Entre esas competencias específicas podemos destacar:

Competencia 2. Comprender e interpretar textos orales y multimodales, recogiendo el sentido general y la información más relevante, identificando el punto de vista y la intención del emisor y valorando su fiabilidad, su forma y su contenido, para construir conocimiento, para formarse opinión y para ensanchar las posibilidades de disfrute y ocio.

Competencia 3. Producir textos orales y multimodales con fluidez, coherencia, cohesión y registro adecuado, atendiendo a las convenciones propias de los diferentes géneros discursivos, y participar en interacciones orales con actitud cooperativa y respetuosa, tanto para construir conocimiento y establecer vínculos personales como para intervenir de manera activa e informada en diferentes contextos sociales.

Competencia 4. Comprender, interpretar y valorar textos escritos, con sentido crítico y diferentes propósitos de lectura, reconociendo el sentido global y las ideas principales y secundarias, identificando la intención del emisor, reflexionando sobre el contenido y la forma y evaluando su calidad y fiabilidad, para dar respuesta a necesidades e intereses comunicativos diversos y para construir conocimiento.

Competencia 5. Producir textos escritos y multimodales coherentes, cohesionados, adecuados y correctos, atendiendo a las convenciones propias del género discursivo elegido, para construir conocimiento y para dar respuesta de manera informada, eficaz y creativa a demandas comunicativas concretas.

Competencia 6. Seleccionar y contrastar información procedente de diferentes fuentes de manera progresivamente autónoma, evaluando su fiabilidad y pertinencia en función de los objetivos de lectura y evitando los riesgos de manipulación y desinformación, e integrarla y transformarla en conocimiento, para comunicarla desde un punto de vista crítico y personal a la par que respetuoso con la propiedad intelectual.

Competencia 9. Movilizar el conocimiento sobre la estructura de la lengua y sus usos y reflexionar de manera progresivamente autónoma sobre las elecciones lingüísticas y discursivas, con la terminología adecuada, para desarrollar la conciencia lingüística, para aumentar el repertorio comunicativo y para mejorar las destrezas tanto de producción oral y escrita como de comprensión e interpretación crítica.

Competencia 10. Poner las propias prácticas comunicativas al servicio de la convivencia democrática, la resolución dialogada de los conflictos y la igualdad de derechos de todas las personas, utilizando un lenguaje no discriminatorio y desterrando los abusos de poder a través de la palabra, para favorecer un uso no solo eficaz sino también ético y democrático del lenguaje. (Real Decreto 217/2022, de 29 de marzo, por el que se establece la ordenación y las enseñanzas mínimas de la Educación Secundaria Obligatoria, *BOE* 30/03/2022).

Como se puede observar, siete de las diez competencias tienen alguna relación con la Lingüística pragmática. Solo hemos obviado la competencia primera, que se refiere a la diversidad lingüística, y la octava, que se refiere a la lectura y a la literatura. Unas competencias específicas similares se establecen también para Bachillerato (Real Decreto 243/2022, de 5 de abril, por el que se establecen la ordenación y las enseñanzas mínimas del Bachillerato, *BOE* 06/04/2022).

Por otra parte, en la LOE y en la LOMCE se habla de que el aprendizaje significativo se consigue sobre todo a partir del desarrollo de «tareas integradas» o «proyectos integrados», es decir, un conjunto de actividades en las que entran en juego destrezas muy variadas y diferentes competencias básicas que giran en torno a un tema motivador y vivencial para el alumnado. Algo parecido se apunta en la nueva LOMLOE, que ahora habla de «situaciones de aprendizaje»:

Para ello [la adquisición de las competencias clave] es imprescindible la implementación de propuestas pedagógicas que, partiendo de los centros de interés de los alumnos y alumnas y aumentándolos, les permitan construir el conocimiento con autonomía, iniciativa y creatividad desde sus propios aprendizajes y experiencias. Las situaciones de aprendizaje representan una herramienta eficaz para integrar los elementos curriculares de las distintas materias mediante tareas y actividades significativas y relevantes para resolver problemas de manera creativa y cooperativa, reforzando la autoestima, la autonomía, la iniciativa, la reflexión crítica y la responsabilidad. […] Su puesta en práctica debe implicar la producción y la interacción verbal e incluir el uso de recursos auténticos en distintos soportes y formatos, tanto analógicos como digitales. (https://educagob.educacionyfp.gob.es/curriculo).

3.2. Tratamiento de la argumentación en la programación de Secundaria

Si bien cada centro educativo tiene competencias para diseñar su propia programación didáctica a partir de las indicaciones de la normativa vigente, es cierto que en el quehacer diario de los institutos se tiene siempre en cuenta los manuales y libros de texto proporcionados por las diferentes editoriales. Hemos consultado los más habituales, como los de Anaya, McGraw Hill, Oxford, comprobando que no hay grandes diferencias en la secuenciación y en los contenidos expuestos ni tampoco en la metodología, más allá de la selección de ejercicios y ejemplos y en la presentación o maquetación de las unidades didácticas.

En cada una de las unidades se suelen introducir los tres bloques de los que se ocupa la materia: comunicación oral y escrita; conocimiento de la lengua; literatura. En la mayoría de los casos están integradas, aunque algunas editoriales para ciertos niveles educativos prefieren agrupar la literatura en algún trimestre. En el caso de Oxford Educación, que vamos a tomar como referencia en los ejemplos que reproducimos, en los niveles de la ESO (Educación Secundaria Obligatoria, de 12 a 16 años) se secuencia en las primeras unidades didácticas comunicación oral y escrita junto al conocimiento de la lengua y a partir de la quinta unidad (segundo trimestre) se aborda la literatura junto con el conocimiento de la lengua. En todos los casos, no obstante, no existe una correlación de contenidos o metodológica entre los diferentes bloques.

Si comenzamos por primero de ESO, se presentan las llamadas «modalidades textuales»: narración, descripción, diálogo, exposición, argumentación y textos prescriptivos, en las tres unidades didácticas iniciales. Pero no hay un tema introductorio sobre estas modalidades ni se explican sus características genéricas, es decir, se comienza directamente con la narración y sus elementos en la unidad 1, por ejemplo. Y ya no se vuelve a hablar del texto hasta la unidad 11, dedicada al «texto» y sus características.

En segundo de ESO, el panorama es similar. Aparecen en las primeras unidades las «modalidades textuales» citadas anteriormente, a las que se les añade «los textos de la vida cotidiana» y se habla de otra clasificación textual: los textos según su finalidad (académicos, literarios, periodísticos, cotidianos…). En la unidad 9, dentro de las clases de oraciones se habla de «modalidades oracionales», que dependen de la actitud del hablante. Por último, en la unidad 11 se vuelve al texto y se habla del concepto de texto, la cohesión textual y los conectores.

Así, el concepto de texto en esta unidad de segundo de ESO viene expuesto de la siguiente manera:

1. Concepto de texto.

El texto es un conjunto de enunciados enlazados de manera coherente que transmite un sentido completo.

Una entrevista, una leyenda, una letra de una canción, un chiste… son textos porque los distintos enunciados que los componen están relacionados entre sí y presentan, por tanto, unidad.

Para que un texto resulte coherente, debe, además, resultar adecuado a la situación comunicativa. Así, una noticia será coherente si aparece en un periódico o en una revista, pero no lo sería si se incorpora en mitad de un manual de instrucciones.» (Lengua Castellana y Literatura, 2.º ESO, Oxford Educación Serie Geniox).

En la misma página aparece en un recuadro el siguiente texto:

Recuerda:

Un enunciado es una palabra o un conjunto de palabras situado entre dos pausas que presenta un sentido completo.

Los enunciados pueden ser oracionales o no oracionales, en función de si incluyen o no una forma verbal. (ídem).

En el apartado tres aparecen los conectores:

3. Los conectores

Los conectores son piezas léxicas con las que se enlazan los párrafos y oraciones de un texto.

En el ejemplo *Miguel es rubio y de ojos azules.* **Sin embargo**, *su hermano Luis es moreno y tiene los ojos marrones,* la locución *sin embargo* funciona como conector entre las dos oraciones.

Hay diferentes tipos de conectores que se clasifican atendiendo a su carácter.
(Ídem).

Tipos de conectores	
Conectores temporales	Ordenan las distintas acciones a las que se alude en un texto: *primero, luego, después, más tarde, a continuación, posteriormente…*
Conectores explicativos	Aclaran palabras, ideas o expresiones que han aparecido con anterioridad: *es decir, o sea, mejor dicho, en otras palabras…*
Conectores de orden	Indican las distintas partes en que se organiza un texto: *en primer lugar, en segundo lugar…; por un lado, por otro…; por último, finalmente…*
Conectores de contraste	Expresan una oposición entre dos sucesos o ideas: *sin embargo, en cambio, por el contrario, no obstante, pero…*

Se puede comprobar que en la definición de conectores se mencionan las «oraciones» en lugar de los enunciados, lo que puede llevar a confusión al alumnado, algo que se repite en el ejemplo. Tampoco es muy acertada la explicación del motivo de la clasificación: «atendiendo a su carácter». Por otra parte, la lista no es exhaustiva, pues faltan, por ejemplo, los conectores de causalidad o correlación lógica, es decir, un tipo de conectores argumentativos muy habitual en los textos.

En tercero de ESO, hasta la unidad 7, que se suele impartir a finales del segundo trimestre, no encontramos alguna referencia a los elementos pragmáticos. En este caso, al tratar las clases de oraciones se habla de modalidades oracionales. Pero para aspectos textuales nos tenemos que ir a las últimas unidades, donde vienen la clasificación de los textos en «modalidades textuales», que son las ya comentadas. En la unidad 10, donde aparecen las características textuales de coherencia y cohesión, se añade en los marcadores el tipo «de causa o consecuencia: *así pues/ que, de ahí que, pues, por eso, por tanto, por consiguiente…*» (Lengua Castellana y Literatura, 3.º ESO, Oxford Educación, Serie Geniox).

En la unidad 11, la penúltima, se habla, junto al teatro barroco, de la argumentación. Esta se entiende como una «modalidad textual», es decir, «un tipo de texto en el que se aportan razones para justificar una opinión» (ídem). Se añade que la argumentación se compone de tesis, «opinión que se defiende», y argumentos, «razones que se aducen para justificar la opinión» (ídem). Se consideran textos argumentativos «algunos géneros periodísticos como el artículo de fondo, la columna, el editorial o las críticas de cine o de obras de teatro, así como las intervenciones de los participantes en un debate, los anuncios publicitarios, etc.» (ídem). Luego se enumeran los tipos de argumentos (datos, citas de autoridad, ejemplos, experiencias personales y refutación) y la estructura argumentativa, que consiste en a) tesis, b) desarrollo o cuerpo de la argumentación, c) conclusión.

A continuación, se recogen las marcas de subjetividad, es decir, los «elementos lingüísticos a través de los cuales el emisor se hace presente en un texto»: «oraciones exclamativas, desiderativas y dubitativas»; verbos y pronombres en primera persona; adjetivos valorativos y uso del diminutivo y aumentativo de carácter valorativo. Con ello se da por hecho que los textos argumentativos son subjetivos, pero realmente la subjetividad tiene más que ver con la modalidad. De hecho, los mecanismos lingüísticos a los que se alude son en su mayoría de carácter modal.

En 4.º de ESO el esquema es muy similar. En la unidad 11 aparece el texto y sus propiedades y en la 12 las «modalidades textuales» y la argumentación. En esta se recoge prácticamente lo mismo que hemos comentado para 3.º de ESO, solo se añade en los tipos de argumentos empleados el de «causa-consecuencia» y al margen una tabla donde se reseñan las «falacias» o «argumento engañoso o poco fiable». En cuanto a los elementos lingüísticos se añade que es característico de la argumentación el empleo de «marcadores (de orden, de causa o consecuencia…)». Esto quiere decir que el uso de estos marcadores se considera que forma parte de un nivel mayor de profundización al ser tratados en 4.º de ESO y no en 3.º.

En Bachillerato (entre 16 y 18 años) la secuenciación es diferente, puesto que ahora sí se comienza con la teoría sobre el texto. En 1.º de Bachillerato en el tema 2 se habla del texto y sus propiedades, habiéndose dedicado el tema 1 a la comunicación en general y a las variedades lingüísticas, pero en la práctica se trabaja poco sobre ello a lo largo del curso, puesto que solo se disponen de tres horas semanales y el temario es muy denso: hay que impartir la morfología, la formación de palabras, la sintaxis completa y la historia de la literatura española desde la Edad Media hasta el siglo XIX, además de la iniciación en el comentario literario de textos. Ni que decir tiene que, en literatura, por ejemplo, jamás se llega hasta el XIX, pues incluso es difícil completar el Barroco en todos sus géneros.

Por su parte, 2.º de Bachillerato, un curso enfocado hacia la prueba de acceso a la universidad, también tiene un tema inicial donde se trata el texto, sus características, la tipología textual y los marcadores discursivos. En este curso es muy necesario manejar los contenidos y estrategias en relación con los textos, puesto que en las pruebas de acceso a la universidad (PEvAU, Prueba de Evaluación de Acceso a la Universidad de Andalucía; EBAU, Evaluación de Bachillerato de Acceso a la Universidad, en otras comunidades autónomas y en el Ministerio de Educación) se parte siempre de un texto escrito, que puede ser literario o periodístico (en este caso, suele ser un artículo de opinión o una columna) sobre el que se realizan unas cuestiones a modo de comentario lingüístico guiado y se propone también la realización de un texto argumentativo sobre un tema, normalmente relacionado con el asunto del texto propuesto. Todavía está vigente este tipo de prueba, aunque el Gobierno está estudiando su modificación con la finalidad de adecuarla, según dice, a la evaluación por competencias (*elpais.es* 27/07/2022).

Por lo pronto, en esta prueba, y por ende durante el curso de 2.º de Bachillerato, aparecen tres bloques que se evalúan de la siguiente forma:

— Bloque de comunicación: 50 %.
— Bloque de gramática y léxico-semántico: 25 %.
— Bloque de literatura: 25 %.

Quiere esto decir que se le da bastante importancia al bloque de comunicación, consistente básicamente en interpretar correcta y adecuadamente un texto, sabiendo extraer sus ideas principales, su tema y su estructura, así como identificar la intención comunicativa del emisor, la tipología textual y los mecanismos que contribuyen a la coherencia y a la cohesión textual. Junto al plano de la comprensión también aparece un apartado para la expresión, como hemos dicho antes, consistente en el desarrollo de un «texto argumentativo» con una estructura definida, con uso de marcadores discursivos y que defienda una idea con una serie de argumentos, lo que suponen dos puntos de los cinco del bloque de comunicación en el caso de la PEvAU.

4. Análisis derivado del tratamiento de la argumentación en secundaria

Tras la exposición del tratamiento que se da a la Pragmática en la enseñanza secundaria, podemos comprobar, en primer lugar, que hay un desajuste entre lo que se propone en la legislación vigente y lo que realmente se imparte en las aulas. Hemos visto cómo en la normativa tanto de la ESO como del Bachillerato se hace mucho hincapié en el desarrollo de la competencia lingüística relacionándola con los procesos de comprensión y expresión y de interpretación discursiva. En cambio, la secuenciación de contenidos suele tener más que ver con los criterios tradicionales de enfocar la materia: el estudio de la gramática según los procedimientos estructuralistas y el estudio de la literatura bien a través de los géneros literarios (1.º y 2.º de ESO), bien a través de la historia de la literatura (3.º y 4.º de ESO y 1.º y 2.º de Bachillerato). Pero no solo se trata de cómo se presenta la materia, hay otros factores de calado que habría que revisar.

4.1. Secuenciación

En efecto, se observa, por una parte, problemas en la secuenciación. En la ESO, al postergar la explicación de la pragmática a las últimas unidades didácticas, hace que en la práctica difícilmente se lleguen a impartir y, en el caso de que se alcance, se trate de una manera muy liviana, puesto que las exigencias de los otros componentes del currículo, como son la gramática y la literatura, incluyendo en esta la lectura, se suelen alargar por mucho que el profesor intente seleccionar al máximo ciertos contenidos. Por otra parte, no tiene mucho sentido comenzar en el bloque de comunicación por las tipologías textuales sin aludir explícitamente al texto y a sus características, tal como sucede en secundaria obligatoria.

Pensamos que el problema reside en que, por un lado, se necesita trabajar la comprensión y expresión, en principio tanto escritas como orales, desde el comienzo del curso, pero, al mismo tiempo, pesa mucho la tradición del estudio gramatical, que se secuencia partiendo de las unidades inferiores de la lengua (morfemas y palabras) y se llegan finalmente a las superiores, como el texto. Esta tensión se comprueba en todos los libros de texto, aunque las soluciones se inclinen más hacia un aspecto u otro según las diferentes editoriales.

De esta forma constatamos que de 2.º de ESO hasta 2.º de Bachillerato apenas se trabajan los llamados «textos argumentativos» (expositivos deliberativos según la terminología de Fuentes Rodríguez). Es decir, en 2.º de Bachillerato se le va a exigir al alumnado que lleve a cabo un texto argumentativo de entre 200 y 250 líneas, algo que no se ha trabajado en toda la etapa educativa de secundaria.

4.2. Metodología

Un segundo grupo de problemas derivan de la necesidad metodológica de partir de unos fundamentos teóricos y de una metodología adecuada que se mantenga con coherencia a lo largo de la programación.

Esto lleva, entre otras cosas, a disfunciones terminológicas, sea por inadecuación del término utilizado o por usar a veces diferente terminología para el mismo fenómeno. Por ejemplo, la modalidad (Carretero 1992; Moreno Benítez 2018), entendida como el reflejo de la actitud del hablante en el discurso, viene tratada al clasificar las oraciones tras haberse explicado el análisis sintáctico de estas (se sigue, como hemos dicho antes, el curso de las unidades lingüísticas que va de menor a mayor: morfema, palabra, grupo sintáctico, oración) y se habla, por tanto, de «modalidades oracionales», cuando en otros apartados del temario aparece la unidad del enunciado, que es sobre la que realmente se debe aplicar la modalidad. Queremos decir que la modalidad, como plano discursivo, debería tratarse en el nivel de las unidades discursivas, macroestructurales, no en la microestructura en el marco de las unidades sintácticas. Así, el análisis de las unidades sintácticas en progresión ascendente es adecuado para el ámbito micro, pero no para el macrosintáctico, es decir, para la perspectiva pragmática.

De hecho, la modalidad como plano discursivo no aparece en los libros de texto y esto provoca que se confunda con la argumentación, como hemos visto en el caso de los elementos de subjetividad. Se identifica el grado de subjetividad de un texto con su carácter argumentativo, pero en realidad, aunque puedan estar interrelacionados, son dos planos distintos, pues la modalidad y, por ende, la subjetividad, se relaciona con el hablante, con la actitud y presencia del hablante en el texto, mientras que la argumentación pone su foco en el oyente, en la necesidad de convencer al oyente. Un texto puede ser subjetivo y no argumentativo, cuando simplemente, por ejemplo, el hablante expresa sus sentimientos en un poema o en un diario, sin intención de convencer a nadie. O puede ser argumentativo y no subjetivo, como en el caso de un trabajo de clase o un artículo científico. Y, ciertamente, puede ser subjetivo (modal) y argumentativo al mismo tiempo.

Además, la misma palabra «modalidad» se utiliza para la clasificación de la tipología textual: «modalidades textuales», de forma que se genera una homonimia incómoda y contraproducente. En este caso, se podría hablar de tipos de texto o de «secuencias textuales». En este sentido, no se contemplan las unidades intermedias entre el enunciado, muchas veces confundido con la oración, y el texto. Sería adecuado añadir el párrafo, el intercambio / intervención y la secuencia, tal como vimos en 2.

Por otra parte, se habla indistintamente de conectores y de marcadores discursivos, pero no se tienen en cuenta los operadores (*cfr.* 2), que habría que incorporar como una categoría dentro de los marcadores, junto a los conectores.

4.3. Didáctica

Un tercer grupo de carencias tiene que ver con la didáctica de la lengua. En primer lugar, apenas se trabaja en la práctica diaria la comunicación oral, que se supone que tiene el mismo peso que la escrita en la legislación vigente (*cfr.* § 3.1). Queda reducida a ciertos audios que vienen en las unidades didácticas y que no siempre se utilizan y a esporádicas exposiciones del alumnado. Nunca aparecen en las pruebas escritas sobre la unidad didáctica que proponen las editoriales y en casos muy contados se llevan a cabo en la práctica cotidiana de los centros educativos. Otro índice evidente de la poca repercusión es que en la actual prueba de acceso a la universidad no se valora la comunicación oral, por lo que esta queda desterrada de los actuales currículos de 2.º de Bachillerato.

En segundo lugar, no se tiene en cuenta la heterogeneidad de los textos, que es lo más frecuente. En los ejemplos que se proponen casi siempre se utilizan textos homogéneos de una sola secuencia, sea narrativa, descriptiva, expositiva o dialogada y no se explica cómo se pueden interrelacionar las distintas secuencias, con lo cual nos alejamos de las producciones reales.

En tercer lugar, hemos comprobado que la correlación entre los bloques de contenido dentro de una misma unidad didáctica es inexistente. En una unidad determinada se puede hablar de los recursos literarios en el bloque combinado de literatura / comunicación y del complemento directo, en el bloque de lengua, o en otra de la narración (comunicación) y de los adjetivos (gramática), por poner un par de ejemplos. Si adoptáramos, en cambio, el enfoque pragmático sobre los textos, podríamos configurar unidades didácticas más cohesionadas, no solamente en cuanto a contenidos, sino en cuanto a desarrollo didáctico que facilitara mejor el aprendizaje del alumnado. Así, si hablamos de las secuencias descriptivas, lo lógico es que en el apartado gramatical tratemos el adjetivo y los grupos adjetivales, así como los posibles textos y géneros discursivos en los que es habitual el uso de descripciones, que se pueden ir ampliando en función de la etapa educativa: las descripciones insertas en los textos narrativos, los perfiles en redes sociales; las definiciones; las acotaciones teatrales; las descripciones en un *curriculum vitae*; en un anuncio; en una presentación oral… Además, podemos relacionarlos con ciertos textos literarios: novela, teatro, poesía. Lo mismo podemos hacer con la narración. Esta nos lleva al uso de los verbos y los tiempos verbales. También a los complementos temporales y espaciales de los verbos y a los adverbios. Nos conecta con las noticias periodísticas y con el género literario narrativo, pero también con el relato de experiencias propias: diarios, blogs, historias de Instagram o de cualquier otra red social. El diálogo, por su parte, es un canal de aprendizaje para el uso de los pronombres y determinantes; para ensayar las distintas modalidades del enunciado y para estudiar en literatura el teatro, aunque también, en cursos más avanzados, podemos introducir el discurso referido, es decir, los tradicionales estilo directo, indirecto e indirecto libre. La exposición nos puede facilitar el estudio de los sustantivos y las denominaciones (a los sustantivos podemos añadir los adjetivos relacionales, que siempre son olvidados y los alumnos suelen confundir con los sustantivos), pero también el uso de conjunciones, preposiciones y conectores, es decir, todos los elementos de enlace. Además, también se puede hablar de las oraciones atributivas y del predicado nominal, puesto que el uso de los verbos copulativos es esencial en la definición y en los textos expositivos. La exposición nos lleva tanto a textos objetivos, por ejemplo, los científicos (exposiciones en clase, redacciones sobre un tema, reseñas), como subjetivos, en los tradicionalmente llamados textos argumentativos: artículos de opinión, columnas, debates, críticas. En literatura podemos relacionarla con el ensayo, pero también hay novelas, poemas y obras dramáticas que incluyen exposiciones y argumentaciones. De esta forma, todos los contenidos de la unidad didáctica estarían relacionados y se facilitaría un aprendizaje significativo.

De hecho, el desarrollo del enfoque pragmático como guía de las unidades didácticas facilitaría la implementación de las situaciones de aprendizaje de las que habla la LOMLOE (*cfr.* § 3.1), puesto que dicho enfoque pone en relación el texto con una situación comunicativa. Es decir, el texto no debe ser un ente aislado, sino que tiene que relacionarse con una situación y un entorno dados, con unos interlocutores específicos, que si son los propios alumnos, mucho mejor, y con una intención determinada. De esta forma, cualquier acto comunicativo puede convertirse en una situación de aprendizaje, puesto que puede involucrar competencias básicas muy diversas, incluso contenidos de diferentes materias y ámbitos. Esto es algo que ya hace tiempo que se viene haciendo en la enseñanza del español como lengua extranjera (Gutiérrez Ordóñez 2006; Fuentes Rodríguez, Padilla Herrada *et al.* 2020), pero que, en cambio, no se termina de generalizar en la enseñanza del español como lengua materna.

En cuarto lugar, deberíamos preguntarnos sobre la pertinencia de dejar los textos argumentativos y la argumentación para edades avanzadas. ¿Tienen capacidad los niños de doce o trece años de emitir discursos argumentativos? Basándonos en la práctica diaria del profesorado e incluso en situaciones cotidianas en las que hemos sido padres de adolescentes, debemos responder afirmativamente, puesto que es habitual que un chico o chica argumente, por poner dos ejemplos, por qué debemos dejarle usar el móvil en su habitación mientras estudia o que negocie a qué hora debe volver a casa los fines de semana. Por lo tanto, en todos los niveles de secundaria se podrían tratar los textos argumentativos. Ahora bien, está claro que se puede programar una secuenciación de profundización ascendente según los niveles de edad, que tiene que ver sobre todo con la extensión de los textos, con la capacidad expresiva de los alumnos y con sus intereses.

Hasta aquí estamos hablando de textos argumentativos en el sentido tradicional, pero si consideramos la argumentación como una dimensión discursiva, que puede estar presente en cualquier tipo de texto, tal como vimos en 2, todavía tiene más sentido tratar la argumentación en todos los niveles educativos, al igual, por ejemplo, que se habla de la dimensión poética (si bien es cierto que esta en los libros de texto se suele limitar al ámbito literario) en todos los cursos. Si el alumno sabe reconocer y rastrear los elementos argumentativos presentes en un texto dado, podrá desarrollar su espíritu crítico de manera mucho más efectiva, tal como se propone en la legislación (*cfr.* § 3.1). Y también podrá utilizar esos mecanismos para elaborar su propio discurso según sus intereses particulares.

Este concepto de argumentación nos facilita al profesorado la resolución de numerosos problemas que se nos plantea a la hora de resolver la tipología textual de muchos ejemplos. ¿Se puede hablar de argumentación en un texto poético? ¿Hay tesis y argumentos? Desde nuestro punto de vista, está claro que sí. En un poema de Cernuda, como puede ser «Unos cuerpos son como flores» de *Los placeres prohibidos*, hay argumentación:

UNOS CUERPOS SON COMO FLORES
Unos cuerpos son como flores,
otros como puñales,
otros como cintas de agua;
pero todos, temprano o tarde,
serán quemaduras que en otro cuerpo se agranden,   5
convirtiendo por virtud del fuego a una piedra en un hombre.

Pero el hombre se agita en todas direcciones,
sueña con libertades, compite con el viento,
hasta que un día la quemadura se borra,
volviendo a ser piedra en el camino de nadie.   10

Yo, que no soy piedra, sino camino
que cruzan al pasar los pies desnudos,
muero de amor por todos ellos;
les doy mi cuerpo para que lo pisen,
aunque les lleve a una ambición o a una nube,   15
sin que ninguno comprenda
que ambiciones o nubes
no valen un amor que se entrega.

Luis Cernuda, «Los placeres prohibidos» (1931) en *La realidad y el deseo*

El poeta defiende la tesis de que el amor está por encima de cualquier ambición profesional o social (tercer párrafo del poema) y utiliza para ello dos argumentos contrapuestos: a) todas las personas (primer párrafo) buenas/bellas, malas y escurridizas se humanizan por medio del amor; b) el hombre tiene aspiraciones y se olvida del amor (segundo párrafo introducido por «Pero»). También en una noticia puede haber argumentación, tal como vimos en los ejemplos de 2. Y en un texto narrativo podemos encontrar fragmentos argumentativos.

Pero, es más, encontramos a veces casos de columnas de opinión que son narrativas, es decir, el autor se limita a contar una historia y es el lector el que debe sacar una conclusión o tesis. Lo que sucede entonces es que el escritor aprovecha el potencial argumentativo de la narrativa, ya que toda narración comporta una evaluación, aunque la mayoría de las veces está implícita. En subgéneros como la fábula o algunos *exempla* medievales se hace, en cambio, explícita.

Por último, debemos añadir que no se aprovecha el potencial del uso de las redes sociales y de las nuevas tecnologías para el desarrollo de la didáctica de la lengua, tanto en su vertiente escrita como oral. La mayoría de los adolescentes están hoy familiarizados con las redes sociales y el uso de aplicaciones digitales, por lo cual los textos extraídos de estas pueden estar en el centro de su interés y, al mismo tiempo, nos ofrecen un universo donde desarrollar la creatividad: elaboración de podcast o vídeos breves para la expresión oral; creación de perfiles inventados de escritores o científicos para el desarrollo de la expresión escrita; dramatizaciones grabadas y montadas en determinadas aplicaciones; recitado de poemas con montaje de vídeo, reseñas de lectura, crítica de cine o serie, donde se combinan las diversas técnicas y estrategias, serían algunos ejemplos.

Conclusiones

Las conclusiones que sacamos de este somero análisis de la argumentación en la enseñanza secundaria son, en realidad, retos que se nos presentan tanto a los profesores de secundaria como a los investigadores de Lingüística pragmática para que exista una transferencia adecuada entre los resultados científicos que se obtienen y la práctica educativa real de los institutos.

Así, el primer reto sería la elaboración de un corpus teórico simplificado pero exhaustivo y coherente que dé soporte a la didáctica del discurso.

El segundo reto sería la necesaria actualización de los contenidos: ¿argumentación y modalidad como dimensiones?, ¿incorporación de las secuencias textuales, de los párrafos, intercambios, intervenciones?, ¿de los operadores discursivos junto a los conectores?

El tercer reto es la necesidad de mejorar la secuenciación de los contenidos dentro de un nivel y entre niveles educativos. Esto se podría solucionar con mayor facilidad que los otros retos, pues consistiría en poner un poco de sentido común en la organización de los contenidos y los procedimientos. Además, si se llevaran a cabo los retos mencionados anteriormente se allanaría bastante el camino, pues se podrían desarrollar las unidades didácticas en torno a una situación comunicativa a partir de cual, en función de las secuencias discursivas en juego, se podrían desplegar los demás contenidos interrelacionados.

El cuarto reto consiste en la mejora de la metodología y de los recursos didácticos. Sobre todo, habría que aplicar el enfoque pragmático a las unidades didácticas. De esta forma, crearíamos situaciones de aprendizaje partiendo de una situación comunicativa y contribuiríamos así de manera efectiva al desarrollo de la nueva legislación educativa.

Además, deberíamos incorporar la comunicación oral y las nuevas plataformas digitales, las redes sociales y todas las nuevas aplicaciones que van surgiendo en el ámbito tecnológico y digital, con las que los jóvenes están familiarizados y cuyo uso les puede resultar familiar al tiempo que motivador.

Referencias bibliográficas

Adam, Jean Michel (1991): «Cadre théorique d'une typologie séquentielle». *Études de linguistique appliquée*, 83: 7-18.

Adam, Jean Michel (1992): *Los textos: tipos y prototipos. Relato, descripción, argumentación, explicación, diálogo*. Paris: Nathan.

Berrendonner, Alain (1990): «Pour une macro-syntaxe». *Travaux de Linguistique*, 21: 25-36.

Blanche-Benveniste, Claire (2003): «Le recouvrement de la syntaxe et de la macro-syntaxe». En Antonietta Scarano, *Macro-syntaxe et pragmatique. L'analyse linguistique de l'oral*. Roma: Bulzoni Editore, 53-75.

Carretero, Marta (1992): «Una propuesta de tipología de la modalidad: la aceptación como categoría modal». *Dicenda: Estudios de lengua y literatura españolas*, 10: 41-52.

Fuentes Rodríguez, Catalina (2005a) «Hacia una sintaxis del enunciado». *LEA: Lingüística española actual,* 27 (1): 33-62.

Fuentes Rodríguez, Catalina (2005b) «Enunciación, aserción y modalidad: tres clásicos». *Anuario de Estudios Filológicos*, 27: 121-141.

Fuentes Rodríguez, Catalina (2013a) «La gramática discursiva: niveles, unidades y planos de análisis». *Cuadernos AISPI*, 2: 15-36.

Fuentes Rodríguez, Catalina (2013b) «Parentéticos, *hedging* y sintaxis del enunciado». *Clac*, 55: 61-94.

Fuentes Rodríguez, Catalina (2014): «Los límites del enunciado». *Estudios de lingüística del español*, 35: 15-42.

Fuentes Rodríguez, Catalina (2017a [2000]) *Lingüística pragmática y análisis del discurso*, Madrid: Arco Libros.

Fuentes Rodríguez, Catalina (2017b) «Macrosintaxis y lingüística pragmática». *Clac*, 71: 5-34.

Fuentes Rodríguez, Catalina (2020): «Operadores discursivos». En Catalina Fuentes Rodríguez (coord.), *Operadores en proceso*, München: Lincoln, 4-30.

Fuentes Rodríguez, Catalina (2021): «Sintaxis discursiva. Construcciones y operadores. Introducción». En Catalina Fuentes Rodríguez, Esther Brenes Peña y Víctor Pérez Béjar (eds.), *Sintaxis discursiva: construcciones y operadores en español*, Bern: Peter Lang, 9-24.

Fuentes Rodríguez, Catalina (2022): «Los operadores argumentativos: delimitación, caracterización y clasificación». En Catalina Fuentes Rodríguez, *Operadores argumentativos*, Madrid: Arco Libros, 15-60.

Fuentes Rodríguez, Catalina y Alcaide Lara, Esperanza R. (2002): *Mecanismos lingüísticos de la persuasión: cómo convencer con palabras*, Madrid: Arco/Libros.

Fuentes Rodríguez, Catalina y Alcaide Lara, Esperanza R. (eds.), (2009): *Manifestaciones textuales de la descortesía y agresividad verbal en diversos ámbitos comunicativos*, Sevilla: UNIA.

Fuentes Rodríguez, Catalina y Gutiérrez Ordóñez, Salvador (eds.), (2019): *Avances en macrosintaxis*, Madrid: Arco Libros.

Fuentes Rodríguez, Catalina; Padilla, María Soledad; Pérez Béjar, Víctor; Rovira, Gemma y An Vande Casteele (2020): «Investigación y docencia de los marcadores discursivos en el aula de ELE». En Catalina Fuentes Rodríguez, Esther Brenes Peña y Víctor Pérez Béjar (eds.), *Sintaxis discursiva: construcciones y operadores en español*, Bern: Peter Lang, 967-993.

Fuentes Rodríguez, Catalina; Brenes Peña, Esther y Pérez Béjar, Víctor (eds.) (2021): *Sintaxis discursiva: construcciones y operadores en español*, Berna: Peter Lang.

Gutiérrez Ordóñez, Salvador (2006): «Ejercitarás la competencia pragmática». En Concha de la Hoz Fernández (ed. lit.), *La competencia pragmática y la enseñanza del español como lengua extranjera*. Oviedo: Universidad de Oviedo, 25-44.

Martín Zorraquino, M.ª Antonia (1998): «Aspectos de la gramática y de la pragmática de las partículas de modalidad en español actual». *Español como lengua extranjera, enfoque comunicativo y gramática, Actas del Congreso Internacional ASELE,* 9: 25-56.

Martín Zorraquino, M.ª Antonia y Portolés, José (1999): «Los marcadores del discurso». En Ignacio Bosque y Violeta Demonte (eds.), *Gramática descriptiva de la lengua española*, Madrid: Espasa Calpe, 4051-4213.

Moreno Benítez, Damián (2010): *La dimensión argumentativa de los adjetivos relacionales*, Sevilla, Universidad de Sevilla [tesis].

Moreno Benítez, Damián (2018): «Entre la realidad y el deseo: la modalidad en la estructura del enunciado». *CLAC,* 75: 65-86.

Moreno Benítez, Damián (2019): «Un nuevo operador del desacuerdo: ¿hola?». *ELUA,* 6 (9): 157-172.

Moreno Benítez, Damián (2020): «El operador modal de obligación *por fuerza*». *RILCE,* 36.3: 1133-1164.

Moreno Benítez, Damián (2021): «Operadores y construcciones modales de obligación» en Catalina Fuentes Rodríguez, Esther Brenes Peña y Víctor Pérez Béjar (eds.), *Sintaxis discursiva: construcciones y operadores*, Bern: Peter Lang, 225-262.

Roulet, Eddy (1991): «Une approche discursive de l'hétérogénéité discursive». *Études de linguistique appliquée*, 83: 117-129.

Roulet, Eddy (2000): «Un modèle et un instrument d'analyse de la complexité de l'organisation du discours». En José Jesús Bustos Tovar y otros (eds.), *Lengua, discurso, texto* (Tomo I). Madrid: Visor, 133-157.

Schiffrin, Deborah (1987): *Discourse Markers,* Cambridge: Cambridge University Press.

Traugott, Elizabeth C. (1995): *The Role of the Development of Discourse Markers in a Theory of Grammaticalization*, http://web.stanford.edu/~traugott/ect-papersonline.html

Libros de texto consultados

Gutiérrez Ordóñez, Salvador; Serrano Serrano, Joaquín; Pérez Fernández, Desirée y Luna Fernández, Remedios (2018): *Lengua y literatura*, 1.º, 2.º, 3.º y 4.º de ESO, 1.º y 2.º Bachillerato, Madrid: Anaya.

Lobato, Ricardo; Lahera, Ana; Alonso, Ana y Pelegrín, Javier (2021): *Lengua castellana y literatura*, Serie Geniox, 1.º, 2.º, 3.º, 4.º de ESO; 1.º y 2.º de Bachillerato, Barcelona: Oxford Educación.

Pantoja Rivero, Juan Carlos; Espi Jimeno, Laura; González Gallego, Beatriz; Mateos Donaire, Esperanza y Sales Dasí, Emilio (2016): *Lengua castellana y literatura Andalucía*, 1.º, 2.º, 3.º y 4.º de ESO, Madrid: McGraw Hill.

Se terminó de imprimir este libro
el día de 29 de octubre de 2024
en los talleres gráficos
de Podiprint